reihe engagement

Über den Autor

FRANZ JALICS, geb. 1927 in Budapest, Dr. theol., ist Mitglied des Jesuitenordens. Nach dem Studium der Philosophie und Theologie war er zwölf Jahre Professor für Dogmatik an der Theologischen Fakultät von San Miguel (Argentinien) und geistlicher Berater der jungen Jesuiten. Seit 1978 gibt er Exerzitien und Meditationskurse in der Bundesrepublik Deutschland. Er ist wohnhaft in Nürnberg.

Franz Jalics

Miteinander im Glauben wachsen

Anleitung zum Glaubensgespräch

Verlag J. Pfeiffer · München

verlagsgruppe engagement: Butzon & Bercker Kevelaer · Don Bosco München · Echter Würzburg · Verlag Katholisches Bibelwerk Stuttgart · Lahn-Verlag Limburg · Pfeiffer München · F. Pustet Regensburg · Styria Graz Wien Köln · Tyrolia Innsbruck

Die spanische Originalausgabe ist unter dem Titel ‚Aprendiendo a compartir la fe' erschienen bei Ediciones Paulinas, Florida (Buenos Aires), Argentina.
© 1978 de Ediciones Paulinas
Aus dem Spanischen übersetzt von Isabella Jalics

CIP-Kurztitelaufnahme der Deutschen Bibliothek
Jalics, Franz:
Miteinander im Glauben wachsen: Anleitung zum Glaubensgespräch / Franz Jalics. Aus d. Span. übers. von Isabella Jalics. – München: Pfeiffer, 1982.
  (Reihe Engagement)
  Einheitssacht.: Aprendiendo a compartir la fe [dt.]
  ISBN 3–7904–0369–5

Alle Rechte vorbehalten!
Printed in Germany
Druck: G. J. Manz AG, Dillingen
Umschlagentwurf: Monika Plenk
© Verlag J. Pfeiffer, München 1982
ISBN 3-7904-0369-5

Inhalt

Einleitung   7

Erstes Kapitel
Suche nach einer Haltung des Verstehens   11

Zweites Kapitel
Die Entfaltung der Selbständigkeit fördern   23
   Ich und Selbstbild   23
   Förderung der Selbständigkeit   31
   Haltungen, die die Ausdrucksfähigkeit
   und Selbständigkeit des anderen fördern   38

Drittes Kapitel
Einübung des Verstehens   45
   Allgemeine Merkmale der Antworten   45
   Die konkrete Form der Antworten   59
   Die Rolle der Spiegelung im Dialog   69
   Empfehlungen   77

Viertes Kapitel
Zeugnis geben   82
   Das Zeugnis des Lebens   82
   Das Zeugnis beim Unterricht   92
   Meditation und Zeugnis   106
   Empfehlungen   112

Fünftes Kapitel
Einige Gesprächsbeispiele   114
   Gespräch mit übertrieben Eifrigen   115
   Gespräch mit Aggressiven   121
   Gespräch mit Leidenden   135
   Gespräch mit Suchenden   141
   Was in der Stille geschieht   146
   Der Redner   149

Sechstes Kapitel
Sensibilität gegenüber der Gruppe 152
    Die Bildung des Gruppenbewußtseins 153
    Das Ziel 165
    Die Dynamik der Führung 172
    Die drei Phasen einer Zusammenkunft 181
    Die Eigenart der Gruppen 186

Siebtes Kapitel
Mit dem Herzen segnen 192

Einleitung

Dieses Buch ist die Frucht meiner mehr als zwanzigjährigen Tätigkeit als Seelsorger. Die Erfolge und Mißerfolge dieses langen Weges haben mich gelehrt, wie man sich verhalten soll, wenn man andere an seinem Glauben teilhaben lassen will. Diese Erfahrungen möchte ich dem Leser mitteilen und ihm die Einstellung veranschaulichen, die – meiner Überzeugung nach – für eine Vermittlung des christlichen Glaubens am günstigsten ist. Damit will ich nicht behaupten, daß meine Erfahrungen die einzig wertvollen sind. Andere können andersartige Entdeckungen gemacht haben. Das Leben kennt ja einen vielfältigen Reichtum.

Es ist auch nicht meine Absicht, eine Methode für die Seelsorge aufzustellen. Es ist nur von einer Haltung die Rede, von einer respektvollen und teilnehmenden Gesinnung, von einer Mentalität, die brüderlich Anteil nehmen möchte, ohne die eigene Meinung aufzudrängen oder belehren zu wollen. Diese Einstellung gründet sich auf die Überzeugung, daß wir den Glauben an Jesus Christus nicht wie eine Wissenschaft übermitteln können, sondern daß er sich eher durch eine Art von Ansteckung vermittelt, wenn dafür ein gutes Klima menschlicher Beziehungen vorhanden ist. Dieser Fluß menschlicher Kommunikation ist die Bedingung, daß sich der Glaube an unseren Herrn – im Umgang mit solchen Christen, die ihn ausstrahlen – entfalten kann.

Mein Thema beschränkt sich auf die Einstellung des Seelsorgers. Deshalb könnten einige Aussagen den Eindruck erwecken, daß ich manche Initiativen der Seelsorge mißbillige oder ihnen nur wenig Gewicht beimesse, wie z. B. Vereinen und Institutionen. Wenn ich sie bisweilen scheinbar in negativer Weise erwähne, beanstande ich nur die Art und Weise ihrer Führung. Ihre Verdienste will ich auf keinen Fall schmälern, und ich anerkenne vollkommen ihre Bedeutung im Leben der Kirche. Aus denselben Einschränkungen, die mit dem Thema des Buches gegeben sind, könnten einige Ausdrücke den Anschein erwecken, ich vertrete ein vitalistisches und jeder festformulierten Lehre abgeneigtes Christentum. Ich möchte den Leser vor dieser Interpretation bewahren. Die katholische Kirche lebt einen gemeinschaftlichen Glauben, der seine lehrhaften Inhalte hat. Diese Grundsätze zu erklären ist notwendig und wichtig. Meine Kritik zielt nur auf die doktrinäre Einstellung derer, die sich mit den Bausteinen der Orthodoxie eine Mauer errichten, um dahinter ihre Unfähigkeit zu verbergen, sich mit den Menschen zu verständigen. Da ich meine Erfahrungen in einer bestimmten Ordnung darstellen und gleichzeitig den damit verbundenen inneren Prozeß veranschaulichen möchte, lassen sich Wiederholungen nicht immer vermeiden. Der Leser möge das verstehen.

Ich habe mich um eine einfache und verständliche Sprache bemüht, so daß sich jedermann, der seinen Glauben anderen mitteilen möchte, nach meinen Ausführungen richten kann. Da sich das, was ich zu sagen habe, auf die Erfahrung menschlicher Kommunikation schlechthin bezieht, kann dieses Buch auch für Leser von Interesse sein, die sich ganz allgemein um ein besseres Miteinander bemühen.

Dieses Buch möchte eine praktische Anleitung sein. Es will die einzelnen Elemente vorstellen, die man kennen muß, um sich die Einstellung anzueignen, von der hier die Rede sein soll. Wenn jemand etwas Neues entdeckt, begeistert er sich dafür. Er mag dann das Gefühl haben, etwas gelernt zu haben. Mit der Zeit aber bleibt nur noch das verschwommene Gefühl von etwas Schönem zurück. Eine Einstellung erwirbt man sich nicht durch einmalige Lektüre, und nicht durch eine noch so klare intellektuelle Einsicht, sondern nur durch beharrliche Übung. Ich habe mich um einen flüssigen, leicht lesbaren Stil bemüht, der eine angenehme Lektüre erlaubt. Vielleicht begnügt sich mancher damit. Wer sich aber die dargestellte Haltung aneignen möchte, kann das Buch wieder in die Hand nehmen und sich die praktischen Übungen darin vornehmen. Ich hoffe, dieses Buch wird den Interessierten einen hilfreichen Dienst leisten.

Vor einigen Jahren veröffentlichte ich ein Buch über Meditation*. Darin versuchte ich darzustellen, daß selbst in einer nervösen und abgehetzten Welt ein einfaches, beschauliches Gebet möglich ist. Dieses ganz einfache Gebet bewirkt in der Seele einen tiefen Frieden, es fördert und vereinfacht die Art und Weise, sich Gott zu nähern. In dem vorliegenden Buch möchte ich dieselbe kontemplative Einstellung schildern, aber den Menschen gegenüber. Es ist nämlich eine Tatsache, daß unsere Beziehung zu den Mitmenschen auch unser Verhältnis zu Gott bestimmt und umgekehrt. Es ist dasselbe menschliche Herz, das auf seine ihm eigene Weise mit Gott und mit den Menschen in Verbindung tritt. Wer in seinem Umgang mit Gott eine kontemplative Einstellung erreicht, wird auch den Menschen gegenüber verständnisvoll und offen sein, Frieden und Glauben ausstrahlen. Es steht aber auch umgekehrt fest: Menschen, die andere verstehen können und denen es nicht schwerfällt, sich mitzuteilen, erreichen allmählich eine beschauliche Verbindung mit Gott.

Die ersten drei Kapitel weisen auf eine ganz besondere Erfahrung. Ihre Darstellung im zweiten und dritten Kapitel ist auf die Methode des Psychologen Carl Rogers gegründet. Sein therapeutisches Vorgehen besteht vor allem darin, echte menschliche Beziehung zu verwirklichen. Deswegen können seine Wahrnehmungen auch in Gesprächen jeder Art angewendet werden, sind aber in religiösen Gesprächen ganz besonders wichtig. Mit seiner Hilfe habe ich gelernt, andere zu verstehen und ihnen beizustehen; ich habe mich auch überzeugt, wie unglaublich viel Gutes aus seiner Methode hervorgeht. Deshalb möchte ich ihm hier meinen Dank bezeugen und gleichzeitig auch G. Marian Kinget danken,

---

* *Franz Jalics:* Lernen wir beten. Eine Anleitung, mit Gott ins Gespräch zu kommen. München 1981.

weil ich durch sein Werk* diese zutiefst menschliche Einstellung kennengelernt habe. Das vierte Kapitel faßt eine Reihe von Erfahrungen zusammen, in der das Zeugnis bei der Vermittlung des Glaubens eine Rolle spielt. Diese Erfahrungen können nur in Verbindung mit der meditativen Einstellung gewertet werden, denn sie bedürfen einer verständnisvollen Umgebung. Im fünften Kapitel veranschauliche ich mit einigen Beispielen, wie ein Gespräch zur Förderung des Glaubens geführt werden soll. Das sechste Kapitel befaßt sich mit der Anwendung der besprochenen Haltung im Leben von Gruppen und mit den grundlegenden Gesetzen der Gruppendynamik in einem derart entstandenen Milieu. Das siebente Kapitel ist eigentlich nur ein Gestammel, um erkennen zu lassen, daß uns zum Verstehen unserer Mitmenschen und zur Verinnerlichung der christlichen Geheimnisse noch ein langer Weg bevorsteht.

---

* Psychotherapie et relations humaines. Volumes I–II, troisième édition. Publications Universitaires. Louvain 1966.

Erstes Kapitel
Suche nach einer Haltung des Verstehens

Vor einigen Jahren wurde ich gebeten, für Seminaristen Exerzitien zu halten. Neun Seminaristen kurz vor der Priester- oder Diakonatsweihe wurden ins Exerzitienhaus geschickt. Wir kamen gleichzeitig an und trafen uns am Eingang. Als sie erfuhren, daß ich die Exerzitien leiten sollte, begrüßten sie mich und wir stellten uns gegenseitig vor.

„Pater Jalics", sagten sie ohne Übergang gleich nach der Begrüßung, „bitte reden Sie nicht viel."

„Ich?" fragte ich lächelnd und verwundert. „Nein, ich will überhaupt nicht reden, ihr werdet reden."

Sie sahen mich erstaunt an und wußten nicht, was ich meinte. Dann blickten sie sich gegenseitig an, faßten meine Antwort als einen Scherz auf und wiederholten die Bitte:

„Reden Sie nicht viel, Pater Jalics."

„Im Ernst", entgegnete ich wieder, „ihr werdet reden."

Sie verstummten und wußten nicht, wie sie mit mir standen. Als wir uns am Abend das erste Mal trafen, sagte ich ihnen, daß ich gekommen sei, um mit ihnen zusammenzuarbeiten, und mich deshalb ihre Wünsche interessierten und welche Pläne sie für die Tage der Exerzitien hätten. Alle äußerten sich nacheinander. Es gab kleine Nuancen, aber die allgemeine Unsicherheit gipfelte in der Frage: Was ist das Priestertum? Ich schloß mich ihrem Wunsch an, und um die Frage zu erläutern, machte ich ihnen den Vorschlag, jeder solle die Geschichte seiner Berufung erzählen und warum er eigentlich Priester werden möchte. Es war sehr interessant. Neun Wege Gottes mit verschiedenen Vorstellungen und Schwierigkeiten. Während ich zuhörte, vertiefte ich mich in die Lebensgeschichte eines jeden, versuchte mich innerlich einzufühlen und sie zu verstehen. Gleichzeitig notierte ich die auftauchenden Probleme. Um ein Uhr nachts, nachdem alle zu Wort gekommen waren, mußte ich nur mehr das Gesagte zusammenfassen. Sechs Themen bedurften der Aufklärung: der Glaube, das Gebet, die Beziehung zu den Oberen, usw. Wir stellten zusammen eine Tagesordnung auf: zwei Themen pro Tag, eines am Vormittag, das andere am Nachmittag.

Jedesmal wurde damit begonnen, daß ein jeder – wie am ersten Abend – seine Erlebnisse erzählte. Sie berichteten zum Beispiel, wie sie beteten und was ihre diesbezüglichen Schwierigkeiten seien. Da es neun Teilnehmer waren, dauerte es jedesmal zwei bis drei Stunden, bis alle an die Reihe kamen und zum Thema, das wir gerade besprechen wollten, ihre Erfahrungen erzählen konnten. Während der Zusammenkünfte sprach ich fast gar nicht. Beim dritten Mal baten sie mich, auch meine Erfahrungen zu schildern. Sie hörten mit Interesse zu. Ich erzählte ihnen, was ich erlebt und entdeckt hatte, von den Problemen, die mich auch weiterhin stark beschäftigten, und von meiner Einstellung dazu. Ich gab keine Belehrungen von mir, aber jede Erläuterung, die sich mir aufdrängte und die ihnen helfen konnte, tauchte ganz selbstverständlich als Konsequenz meiner Erfahrungen auf.

Unser letztes Thema war das Apostolat. Die Seminaristen berichteten von ihren ersten diesbezüglichen Erfahrungen in den ärmlichen Vorstädten. Richard, einer von ihnen, sprach davon, daß er in einem Armenviertel der Stadt gearbeitet hatte. Seine Hauptschwierigkeit war, daß die Leute dort ihn nicht anhören wollten. Er erklärte, daß sie von Christus nichts hören wollten. Er wollte Jesus Christus verkünden, aber die Jungen zogen das Fußballspiel der Messe vor. Wir hörten seiner immer wieder wiederholten Klage lange Zeit zu: wie er sich eingesetzt hatte, um die Frohbotschaft zu verkünden, daß ihn aber die Christen nicht anhören wollten.

„Hör mal!" sagte ich nach einer Weile, als mir ein Licht aufging. „Wenn ich richtig verstanden habe, willst du sagen, daß die Leute sich genauso verhalten haben wie ihr. Als ich hier ankam, habt ihr mich als erstes gleich nach der Begrüßung gebeten, nicht zu viel zu reden. Ihr habt gewußt, daß der Exerzitienbegleiter kommt, um Jesus zu verkünden; trotzdem wolltet ihr mich nicht anhören."

„O weh!" meinte Richard überrascht, als er sein widersprüchliches Verhalten erkannte.

„Aber seltsamerweise", fuhr ich fort, „habt ihr mir besser zugehört als anderen Geistlichen. Ihr habt mich sogar aufgefordert zu sprechen. Am ersten Tag habe ich kaum einige Sätze gesagt, eigentlich nur das, was nötig war, um unsere Zusammenkünfte zu organisieren. Ihr habt darauf bestanden, daß auch ich von meinen Erfahrungen berichte, und habt mich mit euren Fragen gezwungen, stundenlang zu reden. Ich bin gekommen, um euch behilflich zu sein, und habe alle eure Vorschläge angenommen. Ich habe mich gefreut, euch zuzuhören, und bin davon bereichert worden, daß ihr von eurem Leben und von euren Kämpfen erzählt habt. Wenn du", ich wandte mich an Richard, „in dem Elendsviertel anfängst, die Leute anzuhören, und sie merken, daß du sie verstehst und liebst, dann werden sie dich bitten zu reden. Aber solange ihr, eingebildet auf eure Kenntnisse, anderen eure Überzeugung aufdrängen wollt, wird niemand euch anhören wollen, da mag das, was ihr zu sagen habt, das Wertvollste sein, das die Menschheit besitzt. Statt eine Haltung der Überlegenheit anzunehmen, müssen wir uns in die Empfindungen und Erfahrungen der anderen hineinversetzen."

Sie verstanden, warum die Leute ihnen nicht zuhören wollten: Richard kam von außen, zeigte für sie kein Interesse und wollte seine religiösen Schätze gerade in dem Augenblick bei ihnen anbringen, als sie sich der wohlverdienten Erholung des Wochenendes erfreuen wollten. Solange wir an den Erlebnissen der anderen nicht Anteil nehmen, kann es keine positive Kommunikation und deshalb auch keine Glaubensvermittlung geben.

Als ich noch Theologie studierte, fing ich an, mich mit Einzelexerzitien zu befassen. Oft kamen junge Leute ins

Seminar, die einige Tage in Stille verbringen und mit sich zu Rate gehen wollten. Einige dachten an die Möglichkeit einer Priesterberufung, andere waren in eine Krise geraten und suchten in der Einsamkeit Halt zu finden.

Meine Aufgabe bestand vor allem darin, die Betrachtungen der „Geistlichen Übungen" des heiligen Ignatius vorzutragen. Ich war von diesen sehr begeistert und überzeugt, daß die mir Anvertrauten genau das brauchten. Befassen sich doch die Geistlichen Übungen mit den grundlegenden Fragen des menschlichen Daseins: mit dem Sinn des Lebens, der Sünde, der Erlösung, der Nachfolge Christi, usw. Trotzdem hatte ich von Anfang an den Eindruck, daß ich den jungen Leuten Gewalt antue. Sie schilderten ihre persönlichen Schwierigkeiten und ich antwortete im Schema der Exerzitien. Jeder berichtete von dem, was ihn aufgrund seiner persönlichen Erfahrungen bewegte, und ich antwortete meiner Überzeugung gemäß im Sinne der Geistlichen Übungen.

Nein, das kann nicht richtig sein, sagte ich mir. Es ist nicht in Ordnung, ihnen meine Vorstellungen aufzudrängen. Ich muß es irgendwie schaffen, daß ich von der Person des anderen aus mit ihm arbeite. Ich muß einem jeden auf der Basis seiner eigenen Erfahrungen zeigen, welche Schritte er tun kann, um seinem eigenen Weg zu folgen. Deshalb beschloß ich, mich tiefer in die Probleme eines jeden einzufühlen. Als ein junger Mann kam, um drei Tage im Seminar zu verbringen, trat ich mit ihm in ein Gespräch ein und bat ihn, mir den Grund seines Kommens ausführlich zu erzählen. Oft hörte ich ihm stundenlang zu und versuchte, mich in sein Leben hineinzuversetzen. Ich war daran, sein Leben innerlich zu rekonstruieren: die Geschichte seiner Familienverhältnisse, seiner Studien, seiner Freundschaften, seiner religiösen Erfahrungen, seiner Beziehung zu Jesus Christus und zu Maria, wie er sich von Gott entfernt hatte, worum er sich sorgte und wie sich sein Verlangen und seine Probleme entwickelt hatten. Ich beobachtete, welches Bild er von sich selber und von seiner Zukunft geformt hatte. Ich versuchte ihn so zu verstehen, wie er sich selbst verstand, mich in seine subjektive Lebenssicht zu versenken und ein wenig sein Leben zu leben, aber dabei jede Bewertung, jedes Urteilen und jeden Vergleich mit idealen Normen zu vermeiden. Ich wollte von seinem Leben durchdrungen werden.

Nachdem ich den Betreffenden so lange genug angehört hatte, zog ich mich zurück, um das Gehörte eingehend zu überlegen. Meine Absicht war, mich in seine Lage hineinzuversetzen, mich in seinen Lebensrhythmus einzufühlen und mich nicht dadurch irreführen zu lassen, was mir wichtig schien oder was die Geistlichen Übungen vorschlugen.

Dieses Verfahren war außerordentlich erfolgreich für mich. Vor allem erkannte ich den zeitlosen Wert der Geistlichen Übungen. Es zeigte sich, daß der Ausgangspunkt der Exerzitien eigentlich für einen jeden den ersten Schritt darstellte; eine Art Suche nach dem jeweiligen Standort: Was ist der Sinn meines Lebens? Wohin gehe ich? Was ist das Ziel meines Daseins? Aber diese Fragen tauchten ganz einfach als Konsequenz des vorangegangenen Gesprächs auf. Es war nicht ein Thema, das vom Himmel gefallen war, wovon die Geistlichen Übungen im ersten Satz sprechen: „Der Mensch ist geschaffen, um Gott zu loben." Der Exerzitant war sich nicht bewußt, daß der Prozeß, den er durchmachte, schon in den Geistlichen Übungen beschrieben war, noch weniger hatte er das Gefühl, daß ich etwas Neues eingeführt hatte.

Ich sagte ihm z. B.: „Kannst du dich erinnern – wie du mir gestern erzählt hast –, daß du dir vor zwei Jahren die Frage gestellt hast, warum du eigentlich lebst, und es dünkte dir, daß dein Leben keinen Sinn hat? Könntest du dir die Frage wiederholen, um zu sehen, was jetzt deine Antwort ist?"

Als jemand seine Beziehung zu Jesus Christus zu klären wünschte, erinnerte ich ihn an seine früheren Erlebnisse. Ich sagte ihm z. B.: „Kannst du dich erinnern – wie du mir mitgeteilt hast –, daß du eines Tages in einer bestimmten Situation die Anwesenheit Christi erlebt hast und daß du dich damals frei und glücklich, ihm sogar verpflichtet gefühlt hast?" Auf diese Weise bewegte ich ihn dazu, den Faden seiner vorherigen Erlebnisse wiederaufzunehmen und zu der Quelle seiner Begegnung mit Jesus zurückzukehren. Zu guter Letzt verarbeiteten die mir Anvertrauten während der Exerzitien ständig selber ihr Leben.

Es wurde mir klar, daß das Erlebnis des Bösen das Wesentliche war. Viele Priester, die Exerzitien leiten, wissen nicht, wie sie das Problem der Sünde zur Sprache bringen sollen. Einige übergehen es. Andere dagegen predigen so streng darüber, daß sie Furcht einflößen. Oft wurde mir gesagt, daß dies der trostloseste Teil der Exerzitien sei. Wenn man aber die persönliche Erfahrung des Exerzitienteilnehmers über das Böse in seinem Leben kennt, kann man ganz einfach und spontan davon reden. Ich habe meistens dieselben Worte gebraucht, mit denen mein Gesprächspartner sich ausgedrückt hat.

Auf diese Weise wandelte sich mein Verfahren vom „Predigen" und „Unterweisen" zum Zuhören, damit sich die nötigen Schritte aus der Einsicht in die konkrete Situation ergaben. Ich mußte mich den Tatsachen unterordnen. Zuhören und Verstehen erwiesen sich als wesentlicher als alles andere.

Später erkannte ich, daß ich immer noch nicht genug von den Erlebnissen des anderen ausging, da ich Elemente einbrachte, die von außen auf den anderen zukamen. Das Verfahren war an sich richtig, ich hatte ja das Wort Gottes zu verkünden, das sein Leben erleuchten sollte. Aber gleichzeitig war auch richtig, daß es Momente gab, in denen sich die Antwort völlig aus dem Erlebnis und der Erfahrung des Betreffenden ergeben mußte. Obwohl es mir gelang, den anderen zum Mittelpunkt zu machen, war die Lösung noch nicht vollkommen. Der Teilnehmer war zwar insofern der

Mittelpunkt, als ich ihn von seiner Seite her verstand. Aber er war immer noch der Empfangende. Wer zu verstehen suchte, war weiterhin ich. Es war eine wichtige Entdeckung für mich, als mir bewußt wurde, daß eigentlich der andere den Vorgang verstehen sollte. Meine Aufgabe sollte nur so weit reichen, daß ich ihm Hilfe leistete und die Situation schuf, in der er seine Lage klar erkennen konnte. Eine an sich nichtssagende Gelegenheit führte mich auf die richtige Spur.

Eines Tages, als ich zum Seminar kam, wo ich eine Vorlesung halten sollte, bat mich der Pförtner, eine Dame zu empfangen, die mit einem Priester sprechen wolle.

„Verzeihen Sie, Max", erklärte ich dem alten Russen, der mit stoischer Ruhe zwei oder drei Telefonanrufe gleichzeitig erledigte, „ich kann ihr den Gefallen nicht tun, ich muß meine Vorlesung halten."

„Niemand hat Zeit, sich mit ihr zu befassen", antwortete er, ohne sein Mißfallen zu verbergen. „Ich habe schon jeden Priester im Haus gebeten und alle haben sich entschuldigt."

„Also gut, Max", sagte ich, während ich einen Blick auf die Uhr warf, „zwanzig Minuten kann ich erübrigen."

Ich führte die Dame ins Sprechzimmer und wir setzten uns. Sie schien wirklich erregt zu sein. Ich erklärte ihr, daß ich zwanzig Minuten Zeit hätte, mich aber dann die Seminaristen zur Vorlesung erwarteten.

„Pater Franz", sagte sie, während ihre Beklemmung und Gereiztheit durchschienen, „ich bin gekommen, Sie um Ihre Meinung zu bitten. Ich möchte wissen, was Sie von meiner Situation halten."

Sie erregte meine Aufmerksamkeit. Sie wünschte *meine* Meinung zu hören und nicht die irgendeines anderen Priesters; aber sie kannte mich ja gar nicht. Ich machte eine Gebärde, daß ich ihr zuhöre, und sie fing an, ihr Herz auszuschütten. Sie hatte einen Konflikt mit ihrem Gatten. Sie wollten eine Mauer ziehen lassen und konnten darüber nicht einig werden. Das Problem der Mauer hatte offensichtlich eine schon seit Monaten verschleierte Spannung zum Vorschein gebracht. Die Situation schien aber trotzdem nur mäßig ernst zu sein. Die momentan scheinbar unlösbare Meinungsverschiedenheit machte eine Versöhnung nicht unmöglich. Binnen fünf Minuten wurde mir die ganze Sache klar, und ich sah die konkreten Schritte, um den Konflikt zu lösen. Trotzdem hörte ich ihr weiter zu. Nach fünfzehn Minuten hatte ich die Absicht, ihrem Wunsch entsprechend meine Meinung zu äußern.

„Sehen Sie, Frau X. . . ."

Aber sie unterbrach mich und sprach weiter. Ich hörte ihr wieder einige Minuten lang zu, schaute auf die Uhr und sagte ganz entschieden:

„Schauen Sie, Frau X. . . ."

„Nein, Pater Franz", erwiderte sie, mich wieder unterbrechend, „Sie verstehen mich nicht."

Ihre Antwort ärgerte mich, da ich ihr meine Meinung noch gar nicht hatte sagen können, aber sie mir vorwarf, sie nicht verstanden zu haben. Trotz meines Ärgers sagte ich mir, daß ich sie in diesem Zustand nicht sich selbst überlassen könne, und ich beschloß, meine Vorlesung ausfallen zu lassen. Ich tat es ungern, noch dazu ohne vorherige Benachrichtigung. Da die Frau mich nicht sagen ließ, was meine Meinung war, beschloß ich zu schweigen und ihr weiter zuzuhören, bis sie mich bescheiden wieder um meine Ansicht bat. Sie redete und redete, während ich kein Wort sagte. Ich hörte ihr aufmerksam zu, allerdings mit innerem Widerwillen. Sie sprach eine dreiviertel Stunde.

„Pater Franz", sagte sie schließlich und stand auf, „ich bin Ihnen ungeheuer dankbar, weil Sie mein Problem gelöst haben."

Ich war verblüfft. Ich hatte ja gar nichts gesagt. Ich begleitete sie zur Tür und wir verabschiedeten uns. Sie ging, und ich habe sie nie wieder gesehen. Als ich die Treppe hochging, versuchte ich mir zu erklären, was da vorgegangen war. Sie hatte gesagt, daß sie mir außergewöhnlich dankbar sei. Ich wußte, daß sie sich genauso ausgedrückt hatte. Das hatte zwar meine Verärgerung über ihren Vorwurf besänftigt, war mir aber dennoch völlig unverständlich. Diese Frau war nach ihren eigenen Worten gekommen, um meine Meinung zu erfahren, und sie war weggegangen, ohne sie angehört zu haben. Trotzdem hatte sie gesagt, daß ich ihr Problem gelöst hätte. Hatte sie eine Katharsis erlebt, wie die Psychologen es nennen? Nein, denn dann hätte sie gesagt, sie sei erleichtert. Sie kam, um etwas zu erfahren, und am Schluß wußte sie es. Außerdem hatte sie behauptet, daß ich ihr diese Erkenntnis vermittelt hätte. Aber ich hatte den Mund überhaupt nicht aufgemacht und war mir dessen auch ganz sicher. Denn ich muß gestehen, ich zog mich in mich zurück, als sie mir Unverständnis vorwarf.

Was war geschehen? An diesem Tag hatte ich eine der wertvollsten Lehren meines Lebens erhalten. Diese Frau setzte mich auf eine Fährte, auf der die Art, wie ich in Zukunft mit den Menschen umging, und meine Fähigkeit, Gespräche zu führen, einen tiefgreifenden Wandel erfuhren. Mehr noch, sie veranlaßte mich zu einem viel tieferen Respekt vor der Selbständigkeit des anderen und weckte in mir eine neue pädagogische Einstellung, die auf die Förderung dieser Selbständigkeit gerichtet war. Mit einem Wort, sie lehrte mich eine tiefere Weise der Kommunikation.

Diese Frau war in einem Zustand erregter Verwirrung zu mir gekommen. Sie verstand sich selbst nicht, und sie wußte nicht, wie sie ihren Konflikt lösen sollte. Sicher hatte sie wieder und wieder über ihre Situation nachgedacht, ohne Klarheit zu erlangen. Je mehr sie sich damit beschäftigte, desto verwickelter wurde alles. Als sie sich in meiner Gegenwart ausdrücken konnte, begannen ihre Gedanken sich zu ordnen. Als sie sich schließlich ausgesprochen hatte, war ihr alles ganz klar und es bedurfte keiner Ratschläge mehr. Sie selbst hatte die Lösung gefunden.

Damals war ich schon acht Jahre in der geistlichen Beratung tätig. Immer hatte ich Ratsuchenden aufmerksam zugehört. Nie ergriff ich selber das Wort, bevor der andere nicht mindestens eine Stunde lang sich hatte aussprechen können. Doch hier entdeckte ich etwas wesentlich Neues. Es ging nicht einfach darum, den anderen zu verstehen und ihm einen Rat zu geben. Vielmehr ging es darum, jemand zur Seite zu stehen, daß er sich seiner selbst bewußt werden konnte, und darauf zu vertrauen, daß er sich vollständig äußern und so ein Verständnis dessen gewinnen würde, was geschah, sich über sich selber klar würde und so zur Lösung seines Problems käme. Es ist dies eine viel wirkungsvollere Art, jemand zu helfen, als wenn man ihm Ratschläge in der Art früherer geistlicher Berater und Spirituale gibt. Es geht darum, ein Klima des Vertrauens zu schaffen, in dem der Gesprächspartner sich ruhig und ohne Angst vor den Konsequenzen aussprechen kann. Dies stärkt die Selbständigkeit des anderen, und ein Mensch, der selbständig ist, ist besser in der Lage, einen Dialog zu führen, zu dienen und zu lieben.

Früher hatte ich den Ratsuchenden zwar auch zugehört, doch das Entscheidende war die Lösung, die ich anzubieten hatte. Jetzt verlegte ich den Schwerpunkt auf die andere Person und auf ihre Fähigkeit, sich selber zu verstehen und ihre Schwierigkeiten selber zu lösen; das hieß, die andere Person mehr in den Mittelpunkt zu stellen. Das war eine neue Bekehrung zum Nächsten. Eine Haltung, die viel christlicher ist!

Später erinnerte ich mich, von ähnlichem schon gehört zu haben. Seinerzeit wurde viel von dem Buch des belgischen Jesuiten André Godin gesprochen*. Ich machte mir die Mühe, es zu lesen. Das Buch verwies auf die Anschauungen von Carl Rogers. Ein bekannter geistlicher Berater in Holland hatte mir nach einem langen und nützlichen Gespräch dessen Werk empfohlen, und ich besorgte mir zwei

---

* Das Menschliche im seelsorglichen Gespräch. Anregungen zur Pastoralpsychologie. München 1972.

Bände davon. Aber damals hatte ich diese Bücher nicht für wichtig gehalten, und sie standen staubbedeckt in meinem Regal.

Ich nahm das Werk zur Hand und erkannte sofort, wie wenig ich noch einen Ratsuchenden verstand oder begleiten konnte. Im Falle der erwähnten Dame hatte allerdings mein innerer Widerstand eine wirksame Hilfe beeinträchtigt. Bei anderen Gelegenheiten hatte ich wohl zugehört, aber meine Aufmerksamkeit war auf die Lösung gerichtet. Als ich das Buch las, wurde mir klar, daß ich eine gründliche Lehre durchmachen und meine Einstellung ändern mußte. Ich machte mich an die Arbeit. Ein Jahr lang führte ich mit vielen Menschen einmal wöchentlich ein Gespräch, in dem ich mich darauf beschränkte, sie nur zu begleiten.

Nachdem ich diese Haltung eingeübt hatte und sie mir schon ganz selbstverständlich war, kam ich darauf, daß dieses Verhalten eigentlich ein wesentlicher Teil jeden Dialogs ist. Das heißt, daß bei jedem Gespräch das Zuhören ein wichtiges Moment ist. Jedes Gespräch kennt auch noch andere Momente: seine Ansicht äußern, Zeugnis geben, seine Gedanken austauschen, sich auf etwas einigen, gemeinsame Entschlüsse fassen, usw. Doch es gibt ein elementares, unersetzliches Moment, das das Fundament jeden tiefen Dialogs bildet: in sich aufnehmen, was der andere sagt, und ihn begleiten.

Ohne dieses ist ein Dialog erfolglos. Wie viele Gespräche scheitern aus diesem Grund! Ohne Bereitschaft zum Dialog läßt sich der Glaube nicht weitergeben. Einmal unterrichtete ich eine Gruppe von Katecheten, die in der Erwachsenenbildung arbeiteten, im Zuhören. Als ihnen klar wurde, worauf es ankam, rief einer, der schon eine reiche Erfahrung in der religiösen Bildungsarbeit hatte, aus: „Das ist großartig! Es geht darum, die Leute anders, viel tiefer anzuhören. Bisher", fügte er lebhaft hinzu, „haben wir nur oberflächlich zugehört. Jetzt ist mir bewußt geworden, daß es um ein Zuhören geht, das nicht die Sätze und den Sinn der Worte versteht, sondern das, was der andere von innen heraus zu sagen hat."

Auch mir scheint das so wichtig zu sein, daß ich das folgende Kapitel dazu benützen will, dies zu erklären und darzustellen. Im dritten Kapitel gehen wir dann zur Praxis über.

Zweites Kapitel
Die Entfaltung der Selbständigkeit fördern

Uns beschäftigt die Frage: Wie kann der Mensch sich selber verstehen, und wie können wir ihm dabei helfen?

Ich und Selbstbild

Der Mensch ist fähig, sich selber zu verstehen und seine Schwierigkeiten selber zu lösen. Das Christentum lehrt uns, wir sollen dem Menschen mit Zuversicht begegnen, weil Gott ihn geschaffen hat und er daher im Grunde genommen gut ist. Nach Aussage der Bibel kam die Sünde später. Sie hat die Fähigkeit des Menschen, sich zu orientieren, geschwächt, aber das Böse ist nicht stärker als das Gute. In der Tiefe seines Wesens bleibt der Mensch immer das Abbild Gottes. Die Gnade der Erlösung hat dieses Abbild erneuert. Es steht aber fest, daß wir zu dieser unentgeltlichen, unserem freien Entschluß vorangehenden Erlösung beitragen müssen. Doch befähigt uns gerade die Gnade, uns wiederzufinden, wenn wir verwirrt, den richtigen Weg zu entdecken, wenn wir fehlgegangen sind.

Diese Feststellung ist nicht unbekannt und wird niemanden überraschen, aber ihre weitere Interpretation kann uns als eine Neuigkeit erscheinen. Sie bedeutet nämlich, daß der Mensch die offenkundige oder wenigstens die verborgene Fähigkeit besitzt, sich selber zu verstehen und demzufolge seine eigenen Probleme selber zu lösen. Diese Fähigkeit ist sehr wichtig, denn sie ermöglicht uns die volle Entfaltung des menschlichen Wesens, das heißt, selbständig zu werden und die uns zukommende Verantwortung zu übernehmen. Aus diesem Keim kann die Liebe sprießen. Ohne eine gewisse Selbständigkeit ist nämlich eine selbstlose, persönliche Liebe unmöglich.

Anderseits ist es wohlbekannt, daß diese Fähigkeit nicht immer ausgenützt wird. Tatsächlich gibt es Menschen, die ihre Probleme nicht lösen und sich selber nicht kennen. Wenn wir Christen sind und daran glauben, daß der Mensch aufgrund seiner Erschaffung über eine angeborene Vernunft verfügt und die Erlösung sie gestärkt hat, dann müssen wir auch davon überzeugt sein, daß er wenigstens auch die Neigung hat, diese Fähigkeit anzuwenden. Glauben wir das nicht, dann verneinen wir auch seine Fähigkeit zu lieben.

Der Mensch ist nicht dazu verurteilt, lebenslänglich unmündig zu sein und zur Lösung seiner Schwierigkeiten Anweisung von anderen zu erwarten. Daher ist es menschenwürdiger und christlicher, statt Lösungen anzubieten, beim anderen die Fähigkeit zur Selbständigkeit zu wecken und in Gang zu bringen. Der Unterschied ist gewaltig. Jemand seine Situation zu erklären und ihm definitive Lösungen anzubieten ist, wie wenn man in die Mitte eines Gartens einen Blumenständer mit Rosen aufstellen würde. Sie können schön sein, aber da sie nicht dem Boden entsprossen sind, haben sie keine Wurzeln. Dagegen bedeutet die Erweckung der Selbständigkeit, den Boden fruchtbar zu machen und zu begießen, damit er Blumen hervorbringe. Im ersten Fall haben wir etwas für den Augenblick gelöst, aber die natürliche Entwicklung blockiert. Im zweiten Fall haben wir dagegen einen längeren, geduldigeren, aber konstruktiveren Weg gewählt. Statt jemanden zum Glauben zu überreden, ist es viel christlicher, in ihm die Fähigkeit zur Selbständigkeit anzuregen, damit er mit freien Schritten seinen eigenen Weg beschreiten kann. Der Glaube wird nicht lange auf sich warten lassen. Selbstverständlich wollen wir dadurch weder die Gnade noch das Glaubenszeugnis ersetzen.

Die Entfaltung der Selbständigkeit bedarf einer Atmosphäre günstiger menschlicher Beziehungen. Das bedeutet vor allem, daß sich das Ich ungefährdet wohl fühlt. Der Mensch kann nur in einer furchtlosen Sicherheit beginnen, sich zu verstehen, seine Vorstellungen zu ordnen und ungezwungen zu erkennen, was er tun soll.

Die Bestrebung, zu verstehen und zu wissen, was getan werden soll, richtet sich danach, was ein jeder als den Weg seines eigenen Wachstums erkennt, aber nicht unbedingt danach, was objektiv oder nach der Ansicht anderer die notwendige Lösung wäre. Deswegen müssen wir herausfinden, wie sich ein Mensch auf eine richtige und realistische Weise sieht. Die Wahrnehmung seiner selbst nennen wir das Bild des eigenen Ich, das *Selbstbild*.

Das Selbstbild des Menschen spielt in seinem Verhalten eine sehr wichtige Rolle. Naturgemäß trachtet er immer danach, sich zu schützen, strebt nach Erhebung und Größe seiner selbst. Er widersetzt sich allem, was ihn herabsetzt, abwertet oder seinem eigenen Ich widerspricht. Wenn jemand ein realistisches Selbstbild hat, wird auch sein Verhalten entsprechend sein. Im entgegengesetzten Fall wird er sich ungeeignete Ziele setzen.

Stellen wir uns vor: Ein Arbeiter, mit mittelmäßiger Leistung, gibt sich Rechenschaft, daß seine Arbeit annehmbar, aber nicht außerordentlich ist. Außerdem ist er sich bewußt, daß er ein guter Ehegatte und ein ausgezeichneter Vater ist. Dieses Selbstbewußtsein leitet sein ganzes Verhalten. Er ist nicht enttäuscht, wenn er weder Prämien noch Lob erhält, sondern er fühlt sich in seiner Arbeit sicher und er hat die Befriedigung, daß er einen anständigen Lebensunterhalt verdient. Anderseits findet er Freude und Glück in seinem Familienleben. Seine Lebenslage gibt ihm eine innere Sicherheit. Er hat ein realistisches Selbstbild und seine ganze Einstellung ist der Situation angepaßt.

Die Verwirklichung des Ich bestimmt jedes menschliche Verhalten. Das ist kein Egoismus. Scheint der Vorgang dennoch eigensüchtig zu sein, dann ist die richtige und unerläßliche Form des Egoismus, die zum Altruismus nicht im Gegensatz steht. Niemand kann auf Kosten seines eigenen, wahren und höchsten Glückes das Glück des anderen erstreben. Der Altruismus kann nur die Grenzen des Ich ausdehnen, aber nicht seine Zerstörung fordern. Der erwähnte Arbeiter will seine Frau glücklich machen, damit sie beide zusammen glücklich werden. Der Altruismus sucht die Verwirklichung des „Wir" durch das Ausdehnen der Grenzen des Ich. Beim Wunsch, die Familie glücklich zu machen, sind die Kinder in das Wir inbegriffen. Der selbstlose Mensch kümmert sich auch um das Glück seiner Freunde, den Erfolg seines Vereins, seiner Fabrik, seiner politischen Partei und zu guter Letzt auch um das Heil seines Vaterlandes, damit er seinen Fähigkeiten entsprechend immer mehr Menschen der Gemeinschaft seines Ich hinzufügen kann. Wenn es darauf ankommt, die Interessen des Ich jemandem zu opfern, dann wird diese Hingabe ohne Ausnahme auf eine höhere Weise belohnt. Wenn der Arbeiter seine wohlverdiente Muße opfert und Überstunden macht, um durch seinen Verzicht das Studium seiner Kinder zu ermöglichen, dann belohnt ihn ihr Dank, ihre Hochachtung und ihre Liebe. Das Opfer ist immer ein Verzicht, wofür das Ich auf einer höheren Ebene Entschädigung erhält. Dieses Opfer ist dem Opfer Jesu gleich. Er hat seinem Leben entsagt, damit wir leben können. Dadurch aber lebt er selber mit uns auf eine viel innigere Weise als zur Zeit seiner irdischen Existenz. Das Evangelium lehrt uns, daß wir unser Leben hingeben müssen, fügt aber hinzu: damit wir es gewinnen.

Jeder Mensch hat also die Fähigkeit, sich selbst zu bestimmen und dadurch seinen Lebensweg in die Richtung zu lenken, die ihn glücklich macht. Aber der Erfolg dieser Möglichkeit hängt von seinem Selbstbild ab. Wer von sich selber ein realistisches Bild geformt hat, setzt sich seiner Fähigkeit angemessene Ziele, verhält sich entsprechend und erlebt eine dementsprechende Befriedigung; er findet seinen Platz im Leben, verwirklicht sich und wird glücklich.

Wer sich hingegen ein falsches Selbstbild geformt hat,

strebt dem von sich geformten Bild entsprechende Ziele an, die aber den wahren Verhältnissen nicht entsprechen. Wenn der oben erwähnte Arbeiter seine beruflichen Möglichkeiten überschätzt, macht ihn die geringe Entlohnung unzufrieden. Er sucht eine andere Arbeit, bei der der Lohn höher ist, aber dementsprechend auch die Anforderung. Da er diesen nicht genügen kann, wird er enttäuscht und fühlt sich falsch bewertet. Seine Unzufriedenheit entfremdet ihn von den Mitmenschen, da in der Gesellschaft übelgelaunter Menschen niemand gerne verweilt. Wenn hingegen sein Selbstbild deshalb falsch ist, weil er seine Talente unterschätzt, dann macht sich seine Unzufriedenheit in einer anderen Weise kund: Er hat nicht den Mut, einen ihm entsprechenden Posten anzunehmen, entwickelt seine tatsächlichen Talente nicht und wird deshalb unzufrieden. Wenn wir uns statt der wirklichen Leistungsfähigkeit etwas anderes einreden, rufen die auf Irrtum gegründeten Entschlüsse sehr schnell Unzufriedenheit hervor.

Unser Selbstbild bestimmt unser ganzes Benehmen und beeinflußt auch indirekt, ob wir uns glücklich fühlen. Ist dieses Bild realistisch, dann wird unser Verhalten auch angemessen sein, und wir verwirklichen uns; ist unser Selbstbild verzerrt, dann wird unsere Einstellung zur Realität unangemessen, und das Gefühl der Frustration ist unvermeidbar.

Jeder Mensch trachtet danach, sich zu verwirklichen. Er hat positive Erfahrungen, die sein Selbstvertrauen erhöhen, ihn bereichern und ihn aufwerten, wodurch sein Ich eine immer positivere Einstellung gewinnt.

Aber gleichzeitig erlebt der Mensch auch negative Erfahrungen, die ihn auf seine Begrenzung hinweisen. Diese sind schmerzhaft, weil sie sich seiner Absicht, sich zu verwirklichen, entgegenstellen und den Wunsch des Ich vereiteln, sich zu entfalten. Auf diesem mächtigen Wunsch beruht der gesamte Antrieb des Menschen. Wenn er trotz des

Verdrusses mit seiner Begrenztheit rechnet, wird sein Selbstbild realistischer. Nehmen wir an, daß ein junger Mann an einem Automobilrennen teilnehmen möchte, aber seine Reaktionen sind sehr langsam. Das ist seine Begrenzung. Er muß sein Selbstbild mit dieser Erfahrung in Einklang bringen: allmählich – nicht ohne innere Kämpfe – verzichtet er auf seinen Wunsch, ein berühmter Rennfahrer zu werden.

Äußere Umstände können eine negative und schmerzliche Erfahrung verstärken. Wenn seine Angehörigen über jemanden den Stab brechen, fühlt er die Gefahr, ihre Liebe und Achtung zu verlieren. In diesem Fall kann er – wenn auch unbewußt – geneigt sein, die negativen Faktoren seiner Erfahrung in Abrede zu stellen. Er spielt ihre Bedeutung herunter und trachtet danach, sie zu vergessen. Sein Unbewußtes stärkt diesen Antrieb, und er schließt die Augen gegenüber den negativen Aspekten seiner Erfahrung. Das Ergebnis ist bedauerlich: sein Selbstbild verschlechtert sich.

Stellen wir uns vor, daß ein Kind auf das neugeborene Schwesterchen eifersüchtig ist. Es sagt, das Schwesterchen sei böse, und darum müßten sie sich seiner entledigen, oder es töten. Die Tatsache, daß es dieses Gefühl ausdrückt, ist sehr gesund, denn sie beweist, daß das Kind von seinem Gefühlsleben ein genaues Bild hat. Es sagt, was es fühlt. Die Eltern brauchen den Ausdruck seiner Gefühle nicht zu unterdrücken, sondern nur die Durchführung zu verhindern, falls sie vermuten, daß es dem Schwesterchen einen Schaden antun möchte. Bald wird das Kind das Dasein des Schwesterchens annehmen, und seine Eifersucht verschwindet. Das Selbstbild paßt sich der Realität an. Das Kind fühlt sich nicht mehr als das einzige Kind, sondern als eines der zwei Geschwister.

Wenn aber die Eltern dem Kind sagen, daß die Eifersucht und die Zurückweisung des Schwesterchens etwas Böses sei, oder sogar, daß sie es deshalb nicht mehr lieben, dann fühlt sich das Kind bedroht. Die Gefahr, die Liebe der Eltern zu verlieren, ist für das Kind eine starke und beängstigende Drohung, da diese Liebe sein wesentliches Bedürfnis ist. Es wird danach trachten, die Gefahr zu beseitigen. Erstens wird das Kind seine Eifersucht nicht mehr kundtun. Aber die Drohung gefährdet außerdem sein Gefühlsleben, es wurde ja als böse bezeichnet. Das erweckt ein Minderwertigkeitsgefühl, wodurch sich das Selbstbild verschlechtert. Das Kind trachtet danach, sich seiner Gefühle zu entledigen. Langsam überzeugt es sich, daß die unterdrückten Gefühle verschwunden sind. Die Eifersucht wird weniger bewußt, zieht sich in das Unbewußte zurück, von wo sie einen direkten Einfluß ausübt. Das falsche Selbstbild kann das Kind so weit führen, daß es das Schwesterchen, wenn auch unbewußt, angreift, ohne den Vorgang zu verstehen. Der Tadel der Angehörigen hat sein Selbstbild deformiert.

Viele Christen erleben etwas Ähnliches, wenn sie – inmitten ihrer Konflikte – dem Evangelium entgegengesetzte Empfindungen haben. Das Evangelium lehrt sie, nicht zu hassen, aber sie fühlen den Haß tatsächlich. Sie können das Ideal des Evangeliums als ein drohendes Urteil auffassen und sich einreden, daß sie den Nächsten nicht hassen. Sie gestehen sich ihr Erlebnis nicht aufrichtig ein, wodurch ihr Selbstbild mit der Realität nicht mehr übereinstimmt. Etwas Verneintes, etwas Unbewußtes entsteht, das trotz allem zugegen ist und Feindseligkeit verursacht. Viele sind darüber erstaunt und fragen sich: „Wie ist es möglich, dem Nächsten gegenüber gehässig zu sein, da wir ihn um Gottes willen lieben?" Eigentlich sollten sie sich eingestehen, daß sie dem Nächsten gegenüber haßerfüllt sind, obwohl sie dieses Gefühl Gott zuliebe überwinden möchten. Der Haß und das Verlangen, nicht zu hassen, sind gleichzeitige Erlebnisse. Ihr Irrtum besteht darin, daß sie aus Furcht, die Liebe Gottes zu verlieren, gerade den Teil ihres Erlebnisses ausschalten, der ihnen Unbehagen verursacht, das heißt den Teil, der zu dem Bild in Gegensatz steht, das sie von sich selbst vor Gott haben möchten.

Wir stehen einer Tatsache gegenüber. Wir können die Wirklichkeit, daß wir mit moralischen und sozialen Grundsätzen nicht übereinstimmen, oder die Gefahr, Liebe und Achtung unserer Lieben zu verlieren, als eine Bedrohung erleben. Wir neigen dann dazu, die Realität verkürzt wahrzunehmen, denn es ist angenehmer, die Wirklichkeit zu verschönern, als das Ich einer Gefahr auszusetzen.

Zu dem Gesagten möchte ich noch zwei Überlegungen hinzufügen. Erstens: Es besteht ein grundlegender Unterschied, ob ich das Bewußtsein einer Spannung zwischen Wirklichkeit und Selbstbild verbalisiere oder ob ich diese Spannung physisch abreagiere. Die sprachliche Äußerung setzt einen gesunden Prozeß in Gang, weil sie zur Prägung des Bewußtseins und zur Annahme der Realität führt. Wenn jemand einen Fehler oder eine Beschränkung anerkennt, verringert sich der innere Druck, den sie verursacht haben. Negative Gefühle, wie die oben erwähnte Eifersucht des Kindes auf seine kleine Schwester, verschwinden. Dagegen kann ein physisches Abreagieren der Spannung diese noch verstärken. Einige Psychologen sind zwar der Meinung, daß etwa die Lösung sexueller Probleme darin besteht, daß jemand seiner Sexualität freien Lauf läßt. Wenn ich hier allerdings von der Freiheit des Bewußtseins spreche und dessen offener Verbalisierung, dann meine ich nicht auch die Freiheit physischer Äußerung. Letztere führt durchaus nicht immer zu einer Verbesserung.

Um die zweite Überlegung zu verstehen, müssen wir uns in die Lage eines Gesprächspartners versetzen. Wer einer negativen Äußerung zuhört, kann sie als eine äußere Tatsache oder als ein zum Ausdruck gebrachtes inneres Erlebnis anerkennen. Die Eifersucht eines Kindes zur Kenntnis nehmen ist in sich nicht unmoralisch. Darüber kein Urteil zu fällen, sondern einfach zu sagen, daß wir verstanden haben, was es ausdrücken wollte, ist auch nicht falsch. „Du sagst mir, daß du sie töten möchtest" – bedeutet nicht, die Tatsache gutzuheißen, daß das Kind seine Schwester töten möchte. Einem Atheisten kann ich ruhig sagen, daß ich es verstehe und annehme, daß er zum Atheismus gekommen ist. Es wäre etwas ganz anderes, den Atheismus an sich gutzuheißen oder zu mißbilligen. Aber diese Überlegung berührt eigentlich schon das Thema der folgenden Kapitel.

Ich hoffe, daß der Vorgang der Deformation des Selbstbildes klargeworden ist. Der Mensch wünscht sich zu verwirklichen. Er hat die Neigung, sein eigenes Ich schon so ideal zu sehen, wie er sein möchte. Ein Kind bildet sich ein, größer zu sein als sein Freund. Der Glaubende bildet sich ein, vollkommener zu sein, als er in Wirklichkeit ist, weil er danach strebt, sein Selbstbild zu bereichern. Deshalb kostet es ihn Überwindung, seine Fehler einzugestehen. Zu diesen inneren Umständen kommen noch wichtige Einflüsse von außen. Was halten die Menschen von mir, die mich lieben, von denen mein Schicksal abhängt: Eltern, Kameraden, Kollegen, der Partner oder die Partnerin, der Priester usw.? Das Urteil dieser Menschen bedeutet gewöhnlich einen erheblichen moralischen Druck, wenn jemand direkt oder indirekt dazu neigt, ein schlechtes Bild von sich selbst zu haben. Die Bedrohung, die sich aus diesem Druck ergeben kann, kann eine so starke Kontrolle über einen Menschen ausüben, daß es ihm sehr schwer wird, seine weniger positiven Seiten anzuerkennen und sie zur Sprache zu bringen. So führt sie zu einer verzerrten Selbstwahrnehmung, und der Widerspruch zwischen dem, was einer sein möchte, und dem, was er in Wirklichkeit ist, verursacht Verwirrung und Unsicherheit.

Förderung der Selbständigkeit

Betrachten wir nun eine Gesprächssituation zwischen zwei Menschen, in der es um den Glauben geht. Der eine möchte seinen Glauben weitergeben. Der andere will in der Regel etwas mitteilen, und sei es auch nur, warum er gekommen ist, was seine Hoffnung oder was seine Absichten sind. Es kann aber auch sein, daß er auf der Suche ist, etwas aufklären möchte, was ihm nahegeht oder was er nicht versteht. Um sein Anliegen zu erklären und zu rechtfertigen, erzählt er vielleicht von seinen religiösen Erfahrungen. Es ist aber auch denkbar, daß jemand Einwendungen gegen die Religion hat und darüber sprechen möchte. Oder auf einem Fest oder bei einer gesellschaftlichen Zusammenkunft zieht jemand gegen die Religion los, und ein anderer, dem es mit seinem Glauben ernst ist, möchte sich mit ihm in ein Gespräch einlassen.

Ich nenne diese Möglichkeiten, weil alle eine echt seelsorgliche Einstellung verlangen, d. h. eine Haltung höchsten Respekts, die das Gespräch mit dem andern möglich macht.

Es geht hier nicht um eine Technik, sondern um eine respektvolle und vertrauensvolle Einstellung dem Gesprächspartner gegenüber. Das Vertrauen ermöglicht es dem andern, seine Erfahrungen zu überprüfen, sie zu erhellen und sie besser in Worte zu fassen, falls das Gesprächsklima dazu einlädt. Eine günstige Atmosphäre fördert nämlich die Bereitschaft zum Dialog. Der Gesprächspartner kann sich selbst besser verstehen, wenn ihm auch nicht der Schatten einer Gefahr droht. Jedes Urteil – ob kritisch oder positiv – bedeutet eine Gefahr, weil es den anderen verpflichtenden Normen gegenüberstellt, wodurch er sich verglichen und eingeengt fühlt. Um sich frei und selbständig zu fühlen, braucht er eine ungefährdete Umgebung. Eine Atmosphäre des Verstehens ist auch deshalb nötig, damit der andere sich Tatsachen, die er vor sich selber ableugnet – und jeder hat solche Schatten in seinem Leben –, sich schneller eingestehen kann. Selbständigkeit ist die Bedingung dafür, Erfahrungen neu zu ordnen, Glaubensschwierigkeiten zu erkennen, etwas Neues zu begreifen und ohne Vorurteil zuzuhören.

Vor allem aber bedarf es dieser Selbständigkeit ohne das geringste Zeichen einer Bedrohung, damit der Gesprächspartner in sich selbst eindringen kann, bis in jenen inneren, religiös bestimmten Bereich, der der Ort der Begegnung mit Gott ist.

Ein verständnisvolles Klima kann nur dadurch verwirklicht werden, daß man auf keine Weise Partei ergreift: nicht urteilt, nicht deutet, nicht prüft, zu nichts rät. Wir müssen dem anderen sogar die Freiheit lassen, zu sprechen oder zu schweigen, mit dem Thema fortzufahren, oder es scheinbar unbegründet zu wechseln, ohne sich rechtfertigen zu müssen. Alles muß darauf eingestellt sein, die Selbständigkeit zu fördern.

Die Selbständigkeit kann einem im Gegensatz zu anderen Haltungen nicht beigebracht werden. Man lernt sie, wenn die Umgebung selbständige Schritte ermöglicht.

Es muß klar sein, daß Sie in dieser Phase des Gesprächs nicht die Hauptrolle spielen. Sie müssen die Bedingungen schaffen, die dem anderen zur Entfaltung seiner Selbständigkeit verhelfen. Sie schaffen jene Sicherheit, in der der andere ungefährdet damit beginnen kann, die Klärung seiner Probleme und die Suche nach sich selbst in die eigene Hand zu nehmen, und in jedem Fall selbständiger Partner im Dialog zwischen zwei freien Personen sein kann. Dadurch erhalten die inneren Kräfte des anderen einen Impuls, der zur Bildung eines religiösen Klimas unerläßlich ist.

Ich möchte aber hervorheben, daß die so dargebotene Sicherheit nur ein Teil des Gespräches ist, aber der am meisten vernachlässigte. Die Mißachtung dieses Verfahrens trägt meist die Schuld daran, daß religiöse Gespräche so häufig scheitern.

Unsicherheit ist die Folge der Gefährdung des Selbstbildes. Man muß sich vor Augen halten, daß der Wunsch, glücklich zu werden, das Selbstbild ständig verbessern möchte und sich mit dessen Erniedrigung nur schwer abfinden kann. Jede herabsetzende Aussage erweckt das Gefühl der Gefahr.

Wenn diese Gefahr zu einem Dauerzustand wird, verringert sie beträchtlich die Wahrnehmungsfähigkeit.

Deswegen ist die Unsicherheit immer mit der Furcht verbunden, daß jemand nicht weiß, wie es um ihn steht. Die Unsicherheit verhindert die Wahrnehmung der negativen Elemente der Erfahrungen, damit das positive Selbstbild nicht noch mehr Schaden leidet, und sie wehrt sich gegen jede erkannte Gefahr.

Die größte Hilfe, die man einer unsicheren Person leisten kann, ist, dazu beizutragen, daß sie sich sicher fühlt. Statt einer gefährdeten Atmosphäre ist eine feste Sicherheit zu bieten. Nur dann gibt der andere seine Abwehrhaltung auf und bemerkt in seiner Situation Tatsachen, die er vorher nicht wahrnehmen konnte. Er fängt an, sich selber realistischer wahrzunehmen. Das Sicherheitsgefühl hilft ihm, seine Scham – sich selber und dem anderen gegenüber – zu bekämpfen, sein Selbstbild richtigzustellen, sein Verhalten und die Lösung seiner Schwierigkeiten zu überprüfen.

Wie ist es möglich, im anderen ein Gefühl der Sicherheit zu wecken? Eine Möglichkeit besteht darin, daß man die Bedeutung des Problems herunterspielt und den anderen ermutigt und aufmuntert. Man kann darauf verweisen, daß die Angelegenheit eigentlich gar nicht so schwierig ist, daß jedermann ähnliche Schwierigkeiten erlebt, daß der andere sein Problem nicht aufbauschen soll, daß es normal ist, derlei Sorgen zu haben, oder – je nach Fall – daß das Problem nur eingebildet sei. Zur selben Art des Vorgehens gehört es auch, wenn man dem anderen Lob oder Anerkennung spendet.

Alle diese Überzeugungsversuche haben bedenkliche Nachteile. Sie wirken wie eine Narkose. Die Motive, die sie zur Verminderung der Unsicherheit anbieten, kommen alle von außen: Vergleich mit anderen, statistische Angaben, Suggestion usw. Der eigentliche Nachteil aber liegt darin, daß sie eine neue Abhängigkeit von dem schaffen, das die Sicherheit bietet, und das ist viel schwerwiegender, weil es die Basis der echten Sicherheit zerstört, die darin besteht, daß der Betreffende sich imstande fühlt, seine Probleme selber zu lösen. Wenn man jemand versichert, etwas sei nicht schwerwiegend, obwohl der Betreffende es seit langem als schwerwiegend empfindet, bekommt er das Gefühl, seine Lage nicht richtig beurteilen zu können. Im Augenblick verspürt er zwar eine gewisse Sicherheit, weil er sich auf die Ansicht des anderen stützt, aber eigentlich verstärkt sich seine Unsicherheit. Nehmen wir an, jemand sagt, er wage nicht zu kommunizieren, da er sich unwürdig fühle. Würde man versuchen, ihm in der oben geschilderten Art Sicherheit zu bieten, würde man ihm sagen, er solle ruhig zur Kommunion gehen, denn wenn es darauf ankäme, ob einer würdig sei, würde niemand kommunizieren dürfen. Der Betreffende wird vielleicht zur Kommunion gehen, aber mit dem Gefühl, daß er nicht fähig sei, über seine Beziehung zu Jesus, oder wenigstens über seine religiöse Einstellung, richtig zu urteilen. Das vergrößert seine Unsicherheit. Geht er zur Kommunion, so stützt er sich auf die erhaltene Ermutigung, wird aber innerlich weiterhin mit seiner wachsenden Unsicherheit zu kämpfen haben.

Die Sicherheit, die zu vermitteln ist, ist ganz anderer Art. Sie will dazu beitragen, daß sich der Betreffende den eigenen Erfahrungen öffnet. Sie verwirklicht sich nämlich nur, wenn man sich vor den eigenen Erfahrungen nicht fürchtet und sie, ohne eine Auswahl zu treffen oder ohne sich auf Abwehr einzustellen, wahrnehmen kann.

Die Angst erzeugt einen verschwommenen Gemütszustand, der alles durchdringt. Desgleichen ist die Sicherheit auch ein alles umfassender Zustand. Sie bezieht sich nicht auf etwas Bestimmtes und stellt sich nicht unmittelbar dar. Die echte Sicherheit zu fördern besteht darin, dem anderen beizubringen, daß er seine eigenen Probleme zu erkennen und selber zu lösen fähig ist. Es ist aber dabei zu berücksichtigen, daß es sich nicht darum handelt, das in Worten mitzuteilen – dies wäre ein Rückfall in die erwähnten Fehler –, sondern durch das Verhalten. Der Gesprächspartner muß dies selber erleben können.

Die Sicherheit zu fördern bedeutet also, die Selbstbestimmung des anderen anzuregen. Er soll nicht einmal aufgefordert werden, von dem zu sprechen, was er möchte, sondern er soll seinem Belieben nach sprechen können. Wenn er auch diese Freiheit während des Gespräches nur in geringem Maße erfährt, übt er doch seine Autonomie. Die Tatsache muß bezeugen, daß wir seinen Rhythmus achten, daß er berechtigt ist, sein Vorgehen ohne scheinbaren Grund zu ändern, sich zu unterbrechen, zu schweigen oder das Thema zu wechseln, ohne vorher es beendet zu haben. Er soll fühlen, daß wir uns auf seine Art des Sprechens einstellen. Wir müssen auch vermeiden, ihn darauf aufmerksam zu machen, wenn er zufällig etwas Unlogisches sagt, sich wiederholt oder andere Eigenheiten zeigt. Wir anerkennen dadurch seine Fähigkeit, das Gespräch zu führen.

Ein solches Vorgehen kann ihm eine kleine Befriedigung geben. Es ist nicht die Genugtuung, einen Rat erhalten zu haben, sondern die gesunde Befriedigung, die einer selbständigen Tat, einer Wahl, einem Entschluß oder einer persönlich übernommenen Verpflichtung folgt, und die Selbständigkeit nicht gefährdet. Eine solche Befriedigung verleiht etwas Sicherheit, die ihrerseits zur Einübung einer größeren Selbständigkeit beiträgt.

Wir müssen auch dafür sorgen, daß sich der andere geliebt fühlen kann. Diese Liebe darf aber nicht besitzergreifend sein. Wir Menschen besitzen Dinge. Wir sind ihre Eigentümer, verfügen über sie, erkennen ihre Fehler, können sie nach Belieben verändern und sie für unsere Zwecke benützen. Sie haben keinen eigenen Zweck, und darum können wir sie unseren Interessen in jedem Augenblick unterordnen. Eine Person zu lieben bedeutet dagegen, daß wir sie samt ihren eigenen Ideen, Empfindungen und ihrer ganzen Eigenart annehmen. Wir dürfen sie auch nicht für unsere eigenen Ziele benützen, uns erlauben, das Ideal zu bestimmen, das sie sich vor Augen stellen sollte, oder in der

Verwirklichung ihrer Ideale die Mängel feststellen. Jemanden zu lieben bedeutet anzunehmen, daß diese Person anders ist als wir, daß wir sie nicht besitzen. Die Liebe trachtet nicht nach einer Verschmelzung, nach einer Identität durch Absorption. Ebensowenig beansprucht sie das Gegenteil: durch Verzicht auf die eigene Persönlichkeit sich dem anderen anzugleichen. Zu lieben bedeutet, die Selbständigkeit des anderen wechselseitig anzuerkennen, die Unterschiede zu achten und sich in eine uneigennützige Beziehung zu begeben. In einer vertrauten Umgebung müssen wir den anderen sein lassen, was er tatsächlich ist.

Eine solche Atmosphäre geht verloren, sobald wir dem anderen unsere eigenen Interessen und Ziele aufzwingen sollen. Ein privates, entspanntes Milieu ist ihr besonders günstig. Sobald jemand aber in einer offiziellen Haltung auftritt, läßt sie sich viel schwerer aufrechterhalten. Sobald jemand mit einer religiösen Absicht auftritt, kann er leicht in eine solch offizielle Haltung verfallen: wenn jemand Verantwortung trägt in einer Institution, einem Kolleg, in einem Verein, einer Pfarrei, im Religionsunterricht oder bei der Organisation eines Festes. Da kann es leicht vorkommen, daß man Personen – und sei es auch unmerklich – den eigenen Zielen und Notwendigkeiten unterordnet.

Etwas Ähnliches geschieht, wenn wir unseren Gesprächspartner zum Glauben überreden wollen. Unseren Wunsch, daß er glaube oder sich in seinem Glauben stärke, kann er als ein Urteil erleben, dem er sich verschließt.

Auch der gute Wille zu helfen kann eine ähnliche Situation hervorrufen. Es scheint zwar widersinnig zu sein, aber die Besorgnis, dem anderen zu helfen oder ihn aus einer Gefahr zu befreien, kann den absoluten Respekt vor seiner Selbständigkeit verdunkeln. Es ist schon ein großer Fortschritt, wenn wir das merken.

Aber ist es denn nicht möglich, sich anderen gegenüber für den Glauben einzusetzen? Damit berühren wir das wesentliche Thema dieses Buches. Die Verkündigungsarbeit besteht nicht so sehr aus „Übertragen" oder „Überzeugen", als vielmehr aus Anteilnahme. Sie besteht vor allem darin, die Selbständigkeit des anderen anzuregen, ihn anzunehmen, zu verstehen und in der Rücksicht ihm gegenüber mit der Überzeugung, daß er fähig ist, sich selbst zu entwickeln. Anstatt ihm etwas aufzuzwingen, müssen wir Zeugnis ablegen. Im Apostolat muß sich unsere Aktivität statt durch Überzeugung des anderen durch unser Zeugnis verwirklichen. Davon wird im vierten Kapitel die Rede sein. Bevor wir aber dahin gelangen, müssen wir uns noch mit der Haltung befassen, die den anderen zu verstehen versucht.

Haltungen, die die Ausdrucksfähigkeit und Selbständigkeit des anderen fördern

Damit sich der Gesprächspartner frei äußern kann, gilt als erste Bedingung, sich ihm nicht überlegen zu fühlen. Das bezieht sich nicht nur auf eine in Worten ausgedrückte Überlegenheit oder Geringschätzung. Es ist hier vielmehr die Rede von Einstellungen der Überlegenheit, die sich in das Verhalten einschleichen können: indem man sich das Recht herausnimmt, jegliche Art von Fragen zu stellen, sich in ein beobachtendes Schweigen zurückzuziehen, eine Diskussion anzufangen. In der Diskussion – es ist interessant, das festzustellen – demonstriert jeder seine Überlegenheit, zumindest was das Wissen betrifft. Am meisten aber empfindet der Gesprächspartner die Überlegenheit des anderen, wenn dieser sich das Recht herausnimmt, über sein Benehmen, seine Ansichten oder sein Tun ein wertendes, moralisches, religiöses oder praktisches Urteil zu fällen.

Die zweite Bedingung zur Förderung der Ausdrucksfähigkeit des Gesprächspartners ist eine gewisse Vorstellungskraft, um sich in die subjektive Welt des anderen hineinzudenken; die Fähigkeit, an seinem Erleben teilzunehmen und die Welt mit seinen Augen zu sehen. Das muß so offenkundig und so bewußt sein, daß es sich auch in Worten ausdrücken läßt. Statt auf den objektiven Inhalt des Gesagten zu achten, muß man die persönliche Bedeutung erfassen. Jemand kann z. B. sagen, daß es heute sehr heiß sei. Der objektive Inhalt seiner Aussage bezieht sich auf die Grade des Thermometers, während die persönliche Bedeutung das von der Hitze verursachte Unbehagen meint. Der Unterschied ist sehr wichtig. Die Fähigkeit, den andern zu verstehen, setzt voraus, daß wir uns auf etwas anderes konzentrieren als das Thermometer oder die Hitze, die wir selber verspüren.

Diese „altero-zentrische", das heißt auf den anderen eingestellte Haltung erreicht man dadurch, daß man momentan seine eigene Wertbestimmung, seine Gefühle und Ansprüche außer acht läßt und die realistischen, objektiven und logischen Kriterien, die man sonst anwenden würde, ebenfalls hintanstellt.

Die Fähigkeit, den anderen zu verstehen, hängt von Bedürfnissen, Interessen und Überzeugungen ab, die in unserer Persönlichkeit tief verwurzelt sind. Sie kann sich entwickeln, aber sie sich anzueignen verlangt eine tiefgreifende Änderung der Persönlichkeit. Nach Lust und Laune, mit einem einfachen Willensakt kann man sie nicht erreichen. Wir können uns geduldiger, verständiger, großmütiger zeigen als wir sind, aber wir können nicht mehr Verständnis vorspielen, als wir besitzen, wie wir uns auch nicht intelligenter zeigen können, als wir sind.

Um diese Fähigkeit zu entwickeln, müssen wir unseren Wertmaßstab, unsere Ansprüche und unsere Interessen umstellen. Wir müssen lernen, den anderen in den Mittelpunkt unseres Interesses zu stellen und ihn nicht von unserem Standpunkt aus zu sehen. Es geht nicht nur darum, daß wir aufgrund unserer Beobachtung den anderen mehr schätzen, sondern daß wir ihn nicht mit uns vergleichen.

Eigentlich gibt uns jede soziale Situation die Gelegenheit

zu beobachten, wer zu welchem Grad den Anwesenden gegenüber ein Einfühlungsvermögen hat. Diese Fähigkeit stimmt nämlich mit der sozialen Empfindsamkeit überein. Menschen, die sich darüber nicht Rechenschaft geben, ob gewisse Äußerungen dem anderen weh tun oder Freude verursachen, entbehren diese Empfindsamkeit. Auch diejenigen besitzen diese Fähigkeit nicht, die nicht imstande sind, die Not der anderen, die Tendenz oder die Natur ihrer Interessen wahrzunehmen oder sie selbst echt anzuhören.

Wer aber in der Beziehung der Menschen zueinander die Harmonie oder deren Fehlen bemerkt, besitzt diese Sensibilität. Es gibt Menschen, die den Antagonismus spüren, der hinter anscheinend zufälligen Meinungsverschiedenheiten steckt. Lehrerinnen können es bemerken, wenn sich ein Kind in der Klasse unglücklich fühlt. Andere empfinden die Feinheiten, die in der Beziehung zwischen Vater und Sohn oder zwischen Ehegatten vorhanden sind. Sie besitzen die Fähigkeit, die persönliche Bedeutung der Worte wahrzunehmen, ein unerläßliches Talent, um die Selbständigkeit des anderen zu verstehen oder zu fördern.

Autoritäre Personen, die an dem festhalten, was sie für nötig halten, können sich diese Einstellung nicht aneignen. Personen, die in Glaubensfragen intolerant oder moralisierend auftreten, da sie den anderen durch das Fernrohr ihrer eigenen autoritären, doktrinären oder moralischen Schemata sehen, kann die Aneignung der sozialen Empfindsamkeit gleicherweise viel abverlangen.

Es ist der selbstverständliche Wunsch jedes Christen, daß Jesus Christus von allen Menschen anerkannt werde. Dieser Wunsch kann aber ein Hindernis sein, die persönliche Bedeutung der Äußerungen zu erfassen, falls sie von diesem Wunsch abweichen oder dazu in Widerspruch stehen.

Nebenbei möchte ich noch erwähnen, daß die soziale Sensibilität nicht nur im Umgang mit einer Person oder mit einer Gruppe unentbehrlich ist, sondern auch in umfassenderen Situationen von Kirche und Politik eine große Rolle spielt. In der Politik darf die Bedeutung einer Tatsache nicht ausschließlich von der Theorie oder der eigenen praktischen Erfahrung, auch nicht nur von Partei- oder Klasseninteresse, noch weniger von der Möglichkeit persönlichen Vorwärtskommens erfaßt werden, sondern muß vom Standpunkt der ganzen nationalen Gemeinschaft aus betrachtet werden. Es ist wesentlich zu begreifen, was die Tatsache für die Gesamtheit der Nation bedeutet.

Die Fähigkeit, den anderen zu verstehen, stimmt nicht notwendigerweise mit Sympathie überein. Die Sympathie bezieht sich eher auf Gemütserscheinungen, während die Fähigkeit zu verstehen Komponenten des Erkennens enthält. In beiden Fällen handelt es sich um eine Resonanz durch die Empfindungen des Gesprächspartners. Allein bei der Sympathie stellt sich diese Resonanz ein, weil sie Empfindungen hervorruft, die den eigenen ähnlich sind, oder weil man Gemeinsamkeiten mit dem anderen spürt. Die altero-zentrische Fähigkeit, den anderen zu verstehen, nimmt die Erfahrung des anderen nicht mit Bezug auf sich selbst wahr, sondern vom Standpunkt des anderen aus. Man nimmt an der Erfahrung des anderen soweit als möglich teil, bleibt jedoch emotional unabhängig.

Die dritte Bedingung für die Selbständigkeit des anderen ist schließlich die eigene Authentizität. Authentisch bedeutet mehr als aufrichtig. Der aufrichtige Mensch sagt, was er denkt; der authentische dagegen sagt, was er tatsächlich empfindet. Wenn Hans einen inneren Widerstand fühlt, seinen Freund Peter zu besuchen, ohne sich dessen bewußt zu sein, und zu Peter sagt, daß er gerne kommt, dann ist er aufrichtig, aber nicht authentisch; denn was er sagt, entspricht nicht seinen wirklichen Gefühlen. Er kann nicht authentisch sein, solange er nicht wahrnimmt, was in ihm vorgeht. Aufrichtigkeit bedeutet die Übereinstimmung der wörtlichen Äußerung mit den Gedanken, während die Authentizität sich auf das bezieht, was zwischen der wörtlichen Äußerung und der existentiell erlebten Realität liegt.

Der authentische Mensch heuchelt deswegen seinem Gesprächspartner nicht eine wohlwollende Einstellung vor. Er erweckt nicht nur den Anschein, kein Urteil zu fällen, den anderen wahrhaftig anzunehmen oder zu wünschen, daß der andere die Initiative ergreift. Die Authentizität fordert, daß dieses Verhalten erlebt und nicht nur gedacht sei. Der Gesprächspartner empfindet instinktiv den Mangel an Authentizität und fühlt sich deshalb nicht sicher, wodurch sich die Lage anspannt.

Kann eine autoritäre Person einem anderen gegenüber eine so tiefe Achtung erreichen, die man zur Beziehung auf gleicher Stufe voraussetzt? Eben diese Gleichheit anzuerkennen ist das Schwierigste, wenn man die beschriebene Haltung erreichen will. Wenn ein autoritärer Mensch nicht so starr ist, daß er sich in die eigene Erfahrung einschließt, dann kann er den menschlichen und christlichen Wert dieser Haltung erkennen und versuchen, sie zu erlernen. Er wird aber diese Einstellung nicht ohne besondere Anstrengung erreichen, da er seinen Wertmaßstab umstellen muß. Die Möglichkeit ist nicht ausgeschlossen. Die intellektuelle Erkenntnis, daß wir den anderen als gleichstehend behandeln müssen, bedeutet noch nicht, daß wir dazu fähig sind. Der Wunsch ist der Anfang, aber noch nicht die Verwirklichung. Wir können uns diese Einstellung nur durch ernsthaftes Einüben aneignen, wie es im nächsten Kapitel dargelegt ist. Wer seinen Glauben mit der Überzeugung mitteilen möchte, daß er über einen Schatz verfügt, den der andere nicht oder noch nicht in demselben Maß besitzt, kann auf einen inneren Widerstand stoßen, wenn er mit seinem Gesprächspartner auf gleicher Stufe sprechen möchte.

Schließlich ist auch eine emotionale Reife erforderlich, um das Selbstvertrauen des anderen zu fördern. Diese Reife bezeugt sich durch zweierlei. Erstens müssen wir am

Schicksal des anderen teilnehmen können, ohne dem eigenen Gefallen und den eigenen Ideen zu folgen. Es ist selbstverständlich, daß wir dem anderen unsere Erfahrungen mitteilen möchten. Wenn aber davon die Rede ist, daß wir dem anderen in seiner Selbsteröffnung beistehen wollen, müssen wir darauf verzichten, Führer, Richter oder Vorbild seiner Entwicklung zu werden. Wir müssen helfen, „ohne das Lenkrad zu ergreifen".

Nehmen wir an, daß Andreas einen Beruf wählen möchte. Sein Vater ist mit Leib und Seele Arzt und betreut seine Kranken hochherzig. Seine Arbeit bereitet ihm große Freude, und er möchte seinen Sohn auch glücklich sehen. Deshalb ist seine tiefste Sehnsucht, daß sein Sohn auch Arzt werde. Andreas ist ein guter Charakter, hat aber noch keine Ahnung, was er werden möchte. Er ist dem ärztlichen Beruf zugeneigt. Er schätzt seinen Vater hoch und möchte seine Zukunft mit ihm besprechen. Er hätte auch Lust, Rechtsanwalt oder Ingenieur zu werden. Setzen wir voraus, daß das Ingenieurwesen ihm doch mehr zusagt, es würde ihn glücklicher machen und er könnte sich damit persönlich mehr verwirklichen. Er bespricht es mit seinem Vater. Wenn sein Vater wahrhaft weise ist und sich in die Lage seines Sohnes hineinleben kann, ohne – auch nur unbewußt – Führer oder Vorbild sein zu wollen, dann wird Andreas den geringen Unterschied zu seinen tiefsten Neigungen wahrnehmen und Ingenieur werden. Im entgegengesetzten Fall wird er den ärztlichen Beruf wählen. In diesem Fall hat der Vater das Wohl seines Sohnes nicht ohne Eigeninteresse gesucht. Er hat sich nicht darauf beschränkt, seinem Sohn nur beizustehen, damit er selber bestimmt, was er werden will. Er hat sich nicht in den Dienst der Selbständigkeit seines Sohnes gestellt. Das kommt oft vor, wenn jemand nicht nur eine objektive Frage zu klären hilft, sondern auch selbst emotional interessiert ist. Unsere Gemütsverfassung muß im Gleichgewicht sein, um sogar mit Feingefühl nicht vorzuschlagen, woran wir gefühlsmäßig gebunden sind.

Die emotionale Reife hilft uns zweitens, eine herzliche Beziehung aufrechtzuerhalten, ohne besitzergreifend zu sein. Wenn sich mit einer innerlich unzufriedenen Person eine vertraute und freundliche Beziehung herstellen läßt, bietet sie gewöhnlich ohne Einschränkung ihre Rechte und Verantwortungen an, um sich geliebt zu fühlen, da sie gewöhnlich einen großen Bedarf nach Liebe hat. Sie bittet buchstäblich darum, ihre Führung und ihre Verantwortungen zu übernehmen. Das kann in uns den Wunsch erwecken, zu besitzen, zu beschützen und zu führen. Aber wir können dem anderen in der Suche nach Selbständigkeit nur dann helfen, wenn uns das Leben zufriedenstellt, das heißt, wenn wir unseren Platz im Leben schon selber gefunden haben und im wesentlichen zufrieden sind. Unzufrieden im Bereich unserer Gefühle, können wir der Versuchung nicht widerstehen, zu schützen und Besitz zu ergreifen.

Drittes Kapitel
Einübung des Verstehens

Im vorhergehenden Kapitel haben wir gesehen, wie notwendig das Verstehen ist. Hier werde ich nun seine Praxis darstellen. Wer mit einem anderen über den Glauben sprechen will, muß zuerst eine persönliche Beziehung zu ihm herstellen, damit eine Kommunikation möglich wird. Er muß das, was der andere ihm mitteilen will, verstehen, und er muß seinem Gegenüber deutlich machen können, daß seine Mitteilungen richtig aufgenommen und vorbehaltlos angenommen wurden. Der Gesprächspartner muß die Gewißheit haben, daß seine Botschaft weder mißverstanden noch zurückgewiesen wird. Nur so wird er sich trauen, von sich selber, von seinem religiösen Bereich und von seiner Beziehung zum Herrn zu sprechen.

Es handelt sich hier um eine Einstellung. Weil aber unsere Einstellungen unseren Antworten ihren Stempel aufdrücken, wenden wir unsere Aufmerksamkeit der Art und Weise zu, wie wir im allgemeinen auf erhaltene Mitteilungen reagieren. Diese Analyse unseres Verhaltens hat nur den Zweck, eine Einstellung zu erreichen, die dem geistlichen Gespräch förderlich ist. Haben wir uns die Einstellung einmal zu eigen gemacht, dann können wir die Regeln vergessen. Allerdings können sie auch später noch als Gradmesser dafür dienen, wie sehr wir die Haltung des Verstehens bewußt üben.

Allgemeine Merkmale der Antworten

Hören wir einem jungen Mädchen zu, das Probleme mit dem Besuch der Sonntagsmesse hat. Ich werde fünf Antworten anführen, die typisch sind für fünf verschiedene Einstellungen ihr gegenüber. Wählen Sie zuerst die Antwort aus, die Sie selbst am liebsten geben würden, und ordnen Sie dann die anderen nach Ihrer persönlichen Vorliebe. Es geht dabei nicht um eine objektive Ordnung, sondern darum, was Sie für passender halten.

Erster Fall
Maria, 19 Jahre, Studentin.
Seit geraumer Zeit gehe ich nicht zur Messe. Sie ist mir viel zu lang und langweilig. Ein so leerer Ritus hat für mich keinen Sinn. Die Predigten sind von der Realität ungeheuer weit entfernt, und die Leute gehen nur aus Gewohnheit oder aus Verpflichtung, sind aber dabei zerstreut und langweilen sich. Darum gehe ich nur mehr sehr selten. Einst ging ich gern, aber jetzt bedeutet es mir nichts mehr. Meiner Meinung nach ist es viel glaubwürdiger, nicht zu gehen.

Fünf mögliche Antworten:
1. Ich verstehe, daß du keine Lust hast, zur Messe zu gehen, aber wir Katholiken sind dazu verpflichtet. Die Unterlassung ist eine Sünde und führt zu einer Entfremdung von Gott.
2. Die Tatsache ist, daß du dich von Gott entfremdet hast, und darum gehst du nicht mehr gern zur Messe. Deine Auflehnung gründet gewiß in anderen Konflikten.
3. Jeder von uns erlebt Momente, wo ihm Gott sehr weit entfernt vorkommt. Aber solche Krisen vergehen, und dann finden wir unseren Weg – womöglich auf eine tiefere Weise als vorher – wieder. Deine Schwierigkeit ist nicht so schlimm.
4. Hast du nicht versucht, in eine Kirche zu gehen, wo dir die Predigt zusagt?
5. Du gehst nicht gern zur Messe.

Schreiben Sie die Antworten in der Reihenfolge auf, wie Sie sie am liebsten geben würden. Im folgenden will ich jede kurz charakterisieren.

Die erste Antwort ist wertend. Sie stellt Marias Verhalten der objektiven katholischen Moral gegenüber. Im Vergleich zu der von der Kirche als gesund erklärten Haltung weist die

Antwort auf die unzulängliche Einstellung Marias hin. Sie ist ein Urteil.

Maria fühlt sich durch ein für sie momentan nichtssagendes Gebot verurteilt. Der Antwortende erscheint ihr in der Rolle des Richters und deshalb überlegen. Sie hingegen erfährt sich als minderwertig und schlecht und kommt sich verurteilt vor. Anstatt sich verstanden zu fühlen, fühlt sie sich von dem Richter und seiner Regel bedroht. Dieses Erlebnis macht sie unsicher, ihr Vertrauen schwindet und die Beziehung zum Gesprächspartner wird gespannt. Schwerlich wird sie von ihren Erlebnissen nocht etwas erwähnen.

Die zweite Antwort ist eine *Interpretation*. Sie läßt außer acht, ob das Verhalten richtig ist oder nicht. Sie unterweist Maria und möchte sie etwas wahrnehmen lassen, was ihr noch unbewußt ist. Die Antwort zeigt auch an, wie Maria ihre Situation sehen sollte, um die tiefgreifenden Faktoren zu erkennen, die sie beeinflussen.

Diese Antwort ist noch bedrohlicher als die erste, weil sie Marias persönliche Unabhängigkeit und Verantwortlichkeit gefährdet. Der Gesprächspartner will ihr etwas zu verstehen geben, was sie nicht fühlt. Wenn ein anderer ihr unbewußte Vorgänge enthüllen muß, dann fühlt sie sich dem Zufall ausgesetzt und verliert ihre Selbstsicherheit.

Die dritte Antwort ist eine *Stütze* und will ihr Sicherheit bieten, sie beruhigen und ihr die Angst nehmen. Eigentlich behauptet die Antwort, daß ihre Besorgnis unbegründet ist, daß sie sich unnötige Schwierigkeiten macht; ihr Problem ist nicht so ernst, wie sie es sich vorstellt. Mit der Zeit wird es sich lösen, wie es bei vielen Menschen schon der Fall war.

Die Antwort beabsichtigt, Maria ihrem Problem gegenüber einzuschläfern. Aber sie fühlt es trotzdem. Die beabsichtigte Beruhigung hat einen sehr hohen Preis: ihrer eigenen Wahrnehmung und Selbständigkeit zu entsagen und sich auf eine Sicherheit zu stützen, die ein anderer anbietet, die sie aber nicht empfindet. Diese Abwertung ihrer Gefühle stellt ihre eigenen Wahrnehmungen in Frage, verringert ihr

Selbstvertrauen und führt dazu, daß sie sich auf fremde Wahrnehmungen stützt, die sie selber nicht überprüfen kann.

Die vierte Antwort ist eine *Frage* mit der Absicht, weitere Umstände aufzuklären. Sie weist daraufhin, daß das Problem komplexer ist, als Maria sich vorstellt.

Gelegentlich kann eine aufklärende Stellungnahme hilfreich sein, sie kann aber auch die Entfaltung eines größeren Vertrauens verhindern. Berührt die Frage einen heiklen Punkt, von dem Maria noch nicht sprechen will, dann verwandelt sie sich in eine unmittelbare, zumindest unvorhergesehene Gefahr.

Die fünfte Antwort ist die positivste. Sie ist eine *Widerspiegelung* dessen, was Maria von ihrer eigenen Schwierigkeit wahrnimmt. Der Gesprächspartner steht ihr bei und sieht mit ihren Augen. Er versucht wahrzunehmen und zu verstehen, was Maria ihm mitteilt. Er bezeugt diese Empfänglichkeit auch, denn er nimmt das Gesagte so entgegen, wie es gemeint ist. Er beurteilt, vergleicht und verurteilt nicht; statt das Gesagte zu deuten, nimmt er es an und begleitet Maria in ihrer Suche.

Das flößt Maria das Gefühl ein, verstanden zu sein, erweckt in ihr das Vertrauen, sich weiter zu äußern; denn sie fühlt sich frei, ihren Gefühlen Ausdruck zu geben. Es hilft ihr, der eigenen Lage gewahr zu werden, und sie kann ihre Wertungen neu formulieren. Da sie von keiner Gefahr bedroht ist, vermindert sich ihre Angst, sie fühlt sich verstanden, angenommen und geliebt.

Beobachten wir noch einige Fälle. Fünf Antworten – beurteilend, erklärend, beschützend, aufklärend und widerspiegelnd – sind in allen drei Fällen angeführt. Sie sind nicht in der angegebenen Ordnung, damit Sie den Typ selbst festlegen und sich notieren können. Im Anschluß an die drei Beispiele finden Sie die richtigen Lösungen.

Zweiter Fall
Johann, 30 Jahre, Rechtsanwalt, verheiratet, drei Kinder.

Ich bin mit den Vorschriften der Kirche nicht einverstanden. Ohne eheliche Erfahrungen zu haben, schreiben uns die Priester die Normen für Eheleute vor. Wie ist es möglich, daß die Kirche im zwanzigsten Jahrhundert so unbeweglich ist, wie es die Enzyklika *Humanae Vitae* zeigt. Das ist eine mittelalterliche Einstellung, die heutzutage niemand mehr annimmt.

Die Antworten:

1. Wahrscheinlich verallgemeinerst du jetzt wieder. Das gleicht dem Verhalten, das du deinem Vater gegenüber immer gezeigt hast. Du hast ja gegen ihn auch immer rebelliert.
2. Hast du die Enzyklika eigentlich durchstudiert und alle Möglichkeiten wahrgenommen, die sie offen läßt?
3. Ich verstehe, daß du in einer ganz besonderen Lage bist, aber die Treue der Kirche gegenüber verlangt die Annahme ihrer Lehre. Auflehnung verträgt sich nicht mit einer christlichen Gesinnung.
4. Du fühlst einen Widerstand der Enzyklika gegenüber.
5. Ich verstehe, was du sagst, aber die Bedeutung der Enzyklika darf nicht übertrieben werden, da die Kirche auch viele Türen offen läßt.

Dritter Fall
Peter, 16 Jahre.

Unsere Jugendgruppe ist sagenhaft! Wir treffen uns wöchentlich und fühlen uns sehr wohl; wir plaudern und diskutieren. Wir wählen uns immer ein bestimmtes Thema, wie Freundschaft, Verlobung, Glaube usw. In diesen Zusammenkünften habe ich sehr viel gelernt. Im vorigen Sommer sind wir in die Berge zu einem Zeltlager gegangen. Heuer haben wir vor, zu arbeiten und etwas für die Armen zu tun.

Die Antworten:
1. Wer führt diese Jugendgruppe?
2. Nur so weiter. Hoffentlich wird alles gutgehen.
3. Du fühlst dich in der Gruppe sehr wohl.
4. Ihr jungen Leute habt das Bedürfnis, beisammen zu sein, um euch nicht einsam zu fühlen.
5. Eine Jugendgruppe ist wirklich eine gute Sache, ganz besonders, wenn ihr während des Sommers etwas Nützliches tut. So lernt ihr, euren Mitmenschen zu helfen.

Merken wir uns, daß Peter keine Schwierigkeiten hat, er beklagt sich nicht und sucht keine Lösung. Er will nur seine Freude mitteilen. Deshalb enthält die wertende Antwort ein positives Urteil. Dieses Urteil ist nicht so gefährlich, wie wenn es negativ wäre, ist aber doch eine Beurteilung. Der Urteilende stellt sich als Richter über den anderen, denn er vergleicht ihn mit Normen. Die Interpretation kann verfehlt oder unangebracht erscheinen. Die widerspiegelnde Antwort ist dagegen richtig, weil sie den Empfang und die Annahme des Gesagten bezeugt.

Viertel Fall
Susanna, 53 Jahre, verheiratet, drei Söhne im Studentenalter.
Die heutige Jugend ist schrecklich. Sie haben keinen Glauben. Zu meiner Zeit sind wir jeden Sonntag mit unseren Eltern zur Messe gegangen, aber heutzutage ... wird sie geringgeschätzt. In ihrer Überlegenheit verwirft die Jugend die Gebote Gottes und verehrt sogar Gott, den Vater, nicht mehr. Sie glauben, durch ihre Universitätsstudien schon alles zu wissen. Sie verhöhnen sogar diejenigen, die ihren Verpflichtungen Gott gegenüber nachkommen.

Die Antworten:
1. Frau X., wir dürfen die heutige Jugend nicht verurteilen. Sie lebt in einer ganz anderen Welt. Wenn wir sie verstehen, wird sie ihr Verhalten viel eher ändern.

2. Was meinen Sie, warum denkt die Jugend so?

3. Sie fühlen sich von der Jugend zurückgewiesen.

4. Ja, Frau X., aber die Angelegenheit ist doch nicht so arg. Die jungen Leute reden gern daher, aber eigentlich sind sie nicht so radikal, wie es scheint. Wenn sie die Universität beenden und selber ihr Brot verdienen müssen, stellen sie sich um.

5. Frau X., Ihnen scheint die Jugend schlecht zu sein, aber es wäre der Mühe wert zu untersuchen, ob sie sich nicht darum über die Älteren lustig macht, weil sie ihre Unduldsamkeit wahrnimmt.

Die Antworten sind in der folgenden Reihenfolge angegeben:

	Zweiter Fall	Dritter Fall	Vierter Fall
Urteil	3	5	1
Interpretation	1	4	5
Stütze	5	2	4
Frage	2	1	2
Spiegelung	4	3	3

In diesen Beispielen können wir den Unterschied zwischen den Antworten beobachten, ob sie sich auf das Innere des anderen oder auf die äußeren Umstände beziehen. Jemanden von seinem Inneren aus zu sehen bedeutet, die Gesamtheit seiner Erfahrungen, Sinneseindrücke, Wahrnehmungen, Gefühle, Vorstellungen, Erinnerungen, wie sie in seinem Bewußtsein erscheinen, in Betracht zu ziehen. Das wahrhafte Verstehen einer Person besteht darin, uns in die Welt ihrer Erlebnisse zu versenken, um diese so wahrzunehmen, als ob wir sie selber erlebten. Es handelt sich nicht um eine totale Identifizierung, denn wir bleiben uns ja des Unterschiedes bewußt: ich bin nicht der andere. Jemanden von den äußeren Umständen aus zu sehen bedeutet dagegen, den objektiven Inhalt seiner Äußerung zu beachten, besser gesagt, seine Mitteilung von unserem eigenen Standpunkt aus anzusehen. Auf diese Weise betrachten wir Objekte der materiellen Welt, die keine Subjektivität besitzen. Einen Menschen auf diese Weise zu betrachten, ohne seine Subjektivität zu berücksichtigen, heißt ihn zum Objekt machen.

Bei einem Glaubensgespräch ist es sehr wichtig, sich auf das Innere des Gesprächspartners einzustellen. Nehmen wir an, daß jemand uns sagt:
– Ich glaube nicht an Gott.
– Aber trotzdem existiert Gott – wäre die objektive Antwort.
– Du glaubst nicht an die Existenz Gottes – wäre die Widerspiegelung seines Inneren.

Der Unterschied ist offenkundig. Die erste Antwort führt zu einer Diskussion und schafft sofort eine feindliche Beziehung; die zweite hingegen vertieft das Vertrauen, weil sie die Mitteilung nur widerspiegelt.

Statt auf Äußerlichkeiten oder am Rande liegende Begebenheiten muß die Antwort auf das wesentliche Erlebnis gerichtet werden. Alles was sich auf das Ich bezieht, ist ein Erlebnis: Absichten, Eindrücke, Überzeugungen, Einstellungen und Empfindungen. Auf diese muß die Antwort gerichtet werden, denn sie bilden den Kern der Mitteilung, diese will der Betreffende darlegen. Besprechen wir einige Beispiele.

FÜNFTER FALL
Hans, 30 Jahre.
Die Schätze des Vatikan sind der größte Skandal in der Kirche. Um sich zu bereichern, nützt sie den guten Willen der Armen aus. Die Schatzkammern des Vatikan sind mit Gold gefüllt und die Aktien der Firma Fiat sind auch größtenteils im Besitz der Kirche.

Antwort A:
Es ist möglich, daß der Vatikan Schätze besitzt, aber es gibt auch viele arme Priester und Bischöfe.
Antwort B:
Du bist gegenüber dem Vatikan aufgebracht.

Merken wir uns, daß ich die Möglichkeit, über die Schätze des Vatikan zu sprechen, nicht verneine, sondern zuvor den subjektiven Aspekt widerzuspiegeln für entsprechender halte. Dadurch bildet sich ein verständnisvolles Klima, und es verringert sich die Aggressivität, die unser Partner bei solchen Gelegenheiten normalerweise äußert. Ich habe unzählige Male dem Einwand gegen die Schätze des Vatikan zugehört. Meistens ist sie Ausdruck von Aggressivität gegen jemand, der sich mit der Kirche identifiziert. Wenn ich mich nicht irre, hat Karl Marx zuerst diese verborgenen Schätze aufs Tapet gebracht. Seitdem wiederholt es die marxistische Schulung endlos wie eine nachgewiesene Tatsache. Hinter solchen Einwänden verbirgt sich unverkennbar eine Gehässigkeit gegen die Kirche. Darum müssen wir dazu beitragen, daß der Haß als solcher ausgedrückt, anerkannt und besprochen wird, statt sich hinter etwas so weit Entferntem zu tarnen wie den Schätzen des Vatikan.

SECHSTER FALL
Dietrich, 42 Jahre, verheiratet.
Unsere Gruppe von Ehepaaren trifft sich seit Jahren monatlich. Wir sind sehr gut befreundet. Nur unser Priester, Pater Karl, hat sich in die Gruppe nicht eingefügt. Er ist ein guter Mensch. Solange wir beim Essen sind oder gemütlich plauschen, gibt es keine Schwierigkeiten. Aber bei der Besprechung wird er autoritär. Er muß immer das letzte Wort haben. Er hört nicht zu und läßt andere Ansichten nicht gelten. Wir wissen nicht mehr, was wir mit ihm anfangen sollen.

Antwort A:
Sie müssen es verstehen, wenn Pater Karl wirklich ein bißchen autoritär ist. Er will ja nur, daß Sie die Lehre der Kirche annehmen.

Antwort B:
Das Verhalten Pater Karls verursacht ihnen unbehagliche Gefühle.

Antwort A bezieht sich auf äußere Tatsachen; Antwort B spiegelt hingegen, wie Dietrich und seine Gruppe den Verdruß innerlich erleben. Die zweite Antwort bezeugt auch, daß Dietrichs Aussage richtig entgegengenommen wurde. Ohne über die äußere Tatsache – nämlich über Pater Karl – ein Urteil zu fällen, vergrößert sie das Vertrauen. Dietrich wird noch mehr Zeit brauchen, seinen Seelenzustand zu enthüllen, wenn dieses Problem seine wesentliche Schwierigkeit ist. Bis dahin hat jede Antwort, die nicht eine einfache Spiegelung seiner Mitteilung ist, keinen Sinn. Dieses Beispiel veranschaulicht ganz klar, ob sich die Antwort auf äußere Tatsachen oder auf ein Erlebnis bezieht.

Siebenter Fall
Anna, 13 Jahre.
In unserer Schule ist der Religionsunterricht furchtbar. Eine alte Schwester unterrichtet uns, sie ist sehr streng und versteht uns nicht. Sie ist wirklich unausstehlich, weil nur sie redet, und wir müssen die Aufgabe einpauken. Die Professorin in Geschichte haben wir recht gern, weil sie interessant ist und uns liebhat. Grete, meine Freundin, sagt, daß sie in der Schule in Gruppen eingeteilt sind und während der Religionstunde sehr interessante Gespräche haben. Sie freuen sich im voraus und lernen ungeheuer viel. Bei uns ist der Religionsunterricht sehr langweilig.

Antwort A:
Ja, die Art und Weise, Religion zu unterrichten, sollte erneuert werden.
Antwort B:
Du bist mit dem Religionsunterricht sehr unzufrieden.

In diesen letzten zwei Beispielen konnten wir beobachten: Um den anderen zu verstehen und seine gesunden inneren Kräfte zu fördern, muß sich die Antwort auf die Erlebnisse beziehen und nicht auf die Tatsache selbst, von der vielleicht später die Rede sein kann.

Unsere Aufmerksamkeit – folglich auch die Antwort – muß die Person in Betracht ziehen, nicht aber ihr Problem. Daß die Person das Zentrum unseres Interesses sein soll, war der Inhalt und die Schlußfolgerung der ersten zwei Kapitel. Die Person ist wichtiger als ihre Probleme. Die Probleme müssen aus der Perspektive und mit den Augen der betreffenden Person gesehen werden.

ACHTER FALL
Christine, 30 Jahre, verheiratet.
Ich weiß nicht, ob ich meine Tochter Magdalena zur ersten Kommunion schicken soll. Sie ist schon neun Jahre alt und will daran nicht teilnehmen. Voriges Jahr hat sie versucht, an der Vorbereitungsgruppe teilzunehmen, aber sie hat sich nicht hineinfinden können, und ich mußte zulassen, daß sie es aufgab. Seitdem ist ein Jahr vergangen. Ich habe mit dem Pfarrer gesprochen, und anscheinend ist diese Gruppe sehr nett, aber Magdalena hat die Lust verloren. Trotzdem ist sie ein gutes frommes Mädchen. Ich bin ratlos.

Antwort A:
Ganz sicher hat Magdalena noch nicht erkannt, daß sich die Situation geändert hat und nicht mehr wie im vorigen Jahr ist. Eine ungewollte Teilnahme kann auf keinen Fall vorteilhaft sein. Aber ich denke, daß Sie ihr Lust machen könnten, wenn Sie ihr die Notwendigkeit der Katechese und ganz besonders die Kommunion besser erklären.
Antwort B:
Es ist ihnen nicht klar, ob Sie das Kind teilnehmen lassen sollen oder nicht.

Im Mittelpunkt der ersten Antwort steht das Kind und die Katechese; dagegen stellt die zweite Antwort die Mutter in das Zentrum und spiegelt ihre Beziehung zum Problem wider. Dadurch bildet sich ein vertrauensvolles Klima, das sie befähigt, in ihrer Überlegung weitere Schritte zu tun. Das

Problem ist ja nicht so schwierig, daß sie es selber nicht lösen könnte. Sie braucht statt einer Lösung nur eine Hilfe, um klar zu sehen und einen Entschluß zu fassen.

NEUNTER FALL
Eduard, 11 Jahre, fragt seine Mutter.
Mutti, warum kommuniziert Papa nicht mit uns während der Messe?

Antwort A:
Ja, er sagt, daß es ihm nicht paßt ... Ich rede ihm oft zu ...
Antwort B:
Das beschäftigt dich sehr. Du möchtest, daß Papa mit uns käme.

In diesem Fall handelt es sich um eine direkte Frage. Die Mutter kann sie nicht ohne Antwort lassen. Trotzdem ist es richtig, zuerst das Kind in den Mittelpunkt zu stellen, das heißt, den ersten Teil der Antwort an die Person zu richten und nicht auf das Problem. Später wird ein ausführliches Beispiel den Übergang von der Spiegelung zur Ebene des Problems veranschaulichen. Eduard grübelt über etwas, das ihm sehr wichtig ist, denn es betrifft seine Beziehung zum Vater, dessen Religiosität er in Frage stellt. Die Frage wurde statt an den Vater, der die Schwierigkeit verursacht, an die Mutter gerichtet. Das läßt vermuten, daß Eduard noch nicht alles mitgeteilt hat, was ihm am Herzen liegt. Bezieht sich die Antwort auf das Problem, dann wird Eduard voraussichtlich nichts weiteres sagen. Er wird sich damit zufriedengeben, das Gespräch innerhalb der erwähnten Grenzen zu halten. Wenn sich aber die Antwort auf ihn bezieht (Das beschäftigt dich), wird er sein Problem aussprechen. In diesem Fall kann eine der drei Personen in den Mittelpunkt gestellt werden: der Vater (Er sagt, es paßt ihm nicht), die Mutter (Ich rede ihm oft zu) und Eduard. Zweifelsohne ist es viel leichter, sich zu rechtfertigen (Ich rede ihm oft zu) oder die Schuld auf den anderen zu schieben (Er sagt, daß es ihm nicht paßt). Es zeugt aber von einer eher selbstlosen Empfindsamkeit, die Aufmerksamkeit auf den anwesenden Gesprächspartner zu richten.

Die Antwort muß – ungeachtet dessen, was unwillkürlich geoffenbart wurde – die Absicht der Mitteilung widerspiegeln. Nehmen wir an, daß ein Schüler vor der Prüfung steht. Sein Gesichtsausdruck, die zitternden Hände und der Ton seiner Stimme verraten seine Angst. Er möchte seine Kenntnisse vorzeigen und seine Angst verbergen, aber diese wird deutlich erkennbar. Dieses Beispiel veranschaulicht den Unterschied zwischen den absichtlichen und unwillkürlichen Mitteilungen. Im vorhergehenden Kapitel haben wir festgestellt, daß der Mensch sich allem widersetzt, was sein Selbstbild verschlechtert. Darum würde es einen viel kosten, die Spiegelung einer unwillkürlich entschlüpften negativen Tatsache zu bejahen. Im gegebenen Fall würde sich der Schüler beurteilt fühlen, noch nervöser werden und seine Furcht verneinen. Deswegen muß die Antwort immer das widerspiegeln, was der andere wirklich mitteilen will, das heißt, den ausdrücklichen Inhalt seiner Botschaft.

Was ungewollt preisgegeben wird, kann man nicht nur aus den Gebärden und den Gesichtszügen erkennen, es kann auch in den Worten liegen. Ein Satz kann verschiedene Bedeutungen enthalten, die der Sprechende nicht ausdrücken wollte. Die Antwort muß seine *Absicht* widerspiegeln, und eine bejahende Reaktion ist das Kennzeichen, ob der richtige Inhalt seiner Äußerung erkannt wurde. Während einer Versammlung fragt jemand:
– Um wieviel Uhr wird die Sitzung beendet?
Die Frage kann die folgenden Bedeutungen haben:
* Ich habe viel zu tun und muß mich beeilen.
* Nach der Sitzung habe ich eine Verabredung. Ich muß wissen, wann sie endet.

* Ich kann nur mit Mühe erwarten, daß wir Schluß machen.
* Meine Zeit ist sehr kostbar.
* Ich bin eine wichtige Person.
* Die Sitzung interessiert mich nicht sehr.
* Der Verlauf dieser Sitzung ist nicht gut.
* Diese Sitzung in Gang zu bringen habe ich aufgegeben.
* Hier habe ich nichts mehr zu suchen.

Der Inhalt der ersten zwei Antworten kann vom Sprecher eventuell zugegeben werden. Die anderen schädigen das Selbstbild des Sprechenden und würden deshalb eine negative Reaktion hervorrufen:
– Nein, das habe ich nicht gemeint.

Diese Bedeutungen waren in der Absicht vielleicht nicht enthalten; einige können unabsichtlich inbegriffen gewesen sein. Wer an der Erfahrung seines Mitmenschen teilnehmen will, darf seine ungewollten Äußerungen ihm nicht vorhalten, sondern muß ihm das Gefühl der Sicherheit ermöglichen, damit er sie spontan eingestehen kann.

Z EHNTER F ALL
Josef, 50 Jahre, verheiratet.
In meinem Viertel sind die Leute in religiöser Hinsicht sehr gleichgültig. Sie interessieren sich für nichts; man kann mit ihnen nichts anfangen.

Beabsichtigte Mitteilungen:
* Ich wünsche, sie wären religiös.
* Es würde mich freuen, etwas anzufangen.

Mitteilungen, die Josef wahrscheinlich nicht anerkennt:
* Ich bin nicht fähig, mit ihnen etwas anzufangen.
* Ich bin der einzig Verantwortungsbewußte, die anderen sind es nicht.
* Ich bin viel religiöser als die anderen in unserem Viertel.
* Es liegt mir viel daran, Ihnen mitzuteilen, daß ich sehr religiös bin.

Da in einem solchen Gespräch nicht die Auswertung der objektiven Realität das Ziel ist, sondern die Auffassung des anderen zu erkennen, hat es keinen Sinn, ihn auf seine unwillkürlichen Mitteilungen aufmerksam zu machen. Wenn es gelingt, eine verständnisvolle Atmosphäre zu schaffen, wird sich der andere jene Aspekte seiner Persönlichkeit schon eingestehen können, die er, um sein Ich zu schützen, bisher verneint hat. Die Zustimmung unseres Partners ist das Kennzeichen, daß unsere Antwort richtig war:
* Ja, das ist es.
* Das wollte ich sagen.
* Ja, außerdem ...
* Richtig, denn ...
* Ja, weil ...

So fangen meistens die Antworten auf eine richtige Spiegelung an. Meiner Erfahrung nach kommt das „weil" und „außerdem" oft vor und bedeutet, daß unser Partner zufrieden ist und sogar zu weiteren Mitteilungen Lust hat. Weil seine Mitteilung verstanden wurde, hat er das Gefühl, sich weiterhin erleichtern zu können. Wenn die Reaktion negativ ist, war unsere Spiegelung falsch.

Die konkrete Form der Antworten

Im vorhergehenden Abschnitt haben wir festgestellt, daß die Person unseres Gesprächspartners, und vor allem seine mitgeteilten Empfindungen, im Mittelpunkt unserer Antwort stehen müssen. Jetzt wenden wir unsere Aufmerksamkeit der *Form der spiegelnden Antwort* zu.

Wenn wir unserem Gesprächspartner Gelegenheit geben wollen, sich zu äußern, dürfen wir weder beurteilen noch erklären, ihn auch nicht fragen oder ihm eine Hilfe anbieten, sondern wir müssen an seinem Erlebnis teilnehmen. Dementsprechend müssen unsere Antworten seine Erfahrung auf dieselbe Weise widerspiegeln, wie er sie mitzuteilen beabsichtigt. Sie müssen mit dem Gesagten übereinstimmen, oder er muß sie wenigstens als seine Mitteilung anerkennen. Solche Antworten nennen wir *Spiegelungen*. Sie bestehen darin, den ausgedrückten oder eingeschlossenen Gehalt der Äußerung – nach den im vorherigen Abschnitt festgelegten Regeln – zu wiederholen, zusammenzufassen oder zu betonen.

Die einfache Wiederholung der Mitteilung könnte sehr primitiv erscheinen und nur als bloße Technik angesehen werden. Trotzdem hat sie einen sehr positiven Effekt. Sie erleichtert den Gesprächspartner und spornt ihn an, weil er gewohnt ist, in bezug auf seine Äußerung meist verständnislose Widersprüche, Kritik oder zumindest Monologe – die damit in keinem Zusammenhang stehen – anhören zu müssen. Die Spiegelung dagegen verursacht keine Unterbrechung oder Disharmonie. Sie erweckt im Gesprächspartner das Gefühl der Sicherheit, verstanden zu sein, und ermuntert ihn, sich in seine Erfahrung furchtlos und selbständig hineinzuleben. Spiegeln ist keine Technik, sondern eine Einstellung, um die aufeinanderfolgenden lebenswichtigen Mitteilungen mit Ausdauer und Aufmerksamkeit zu erfassen. Wenn wir die Mitteilungen unseres Gesprächspartners mit Interesse anhören und sie so wahrnehmen, wie er sie erlebt, wird unser Verhalten nicht den Eindruck einer Technik erwecken.

Wir haben schon früher festgestellt, daß die Mitteilung unseres Partners auch solche Andeutungen enthalten kann, die er nicht aussagen wollte. Außerdem können darin aber auch solche Andeutungen unausgedrückt enthalten sein, die er als treues Echo dessen anerkennt, was er sagen wollte. Beobachten wir das an einigen Beispielen.

Falls das Gegenteil nicht offensichtlich ist, drückt ein Teilnehmer an der Sonntagsmesse stillschweigend aus,
* daß er an Gott glaubt;

* daß er an Jesus Christus glaubt;
* daß er an die Sendung der katholischen Kirche glaubt;
* daß er sich mit Gott in Verbindung setzen möchte (durch Bitte, Danksagung oder wenigstens durch die Erfüllung einer religiösen Pflicht);
* daß er der christlichen Gemeinschaft angehört;
* daß er fähig ist, einen Teil seiner Sonntagsruhe zu opfern, weil ihm sein Glaube wesentlich ist.

Diese Faktoren sind bewußt inbegriffen und können selbstverständlich anerkannt werden.

Beobachten wir noch die nichtausgedrückten Aspekte einer verbalen Äußerung. Jemand sagt:
– Ich kann nicht weiter. Ich bin vollkommen erschöpft.
Wenn die Worte wirklich seine Erfahrung ausdrücken, dann sagt er gleichzeitig:
* Ich habe alles Mögliche versucht.
* Bis jetzt war ich zuversichtlich.
* Bis jetzt habe ich noch Kraft gehabt.
* Etwas hat mir die Lust genommen, ich kann mich nicht weiter bemühen.
* Ich gebe den Kampf auf.
* Ich habe mich unnötigerweise erschöpft.

Diese Behauptungen sind in der Äußerung inbegriffen. Wenn wir sie widerspiegeln, bieten wir unserem Gesprächspartner die Gelegenheit – falls sie mit seiner Absicht übereinstimmen –, sie zu bestätigen.

Spiegeln wir den ersten unausgesprochenen Inhalt wider:
– Du hast alles Mögliche versucht.

Vielleicht führt das unseren Partner zur Erkenntnis, daß er seine Lust nicht deshalb verloren hat, weil er schon alles Mögliche versucht hat, sondern weil er noch keine entsprechenden Mittel angewendet hat, sein Problem zu lösen. Diese Antwort ermuntert ihn jedenfalls zu einer weiteren Aufklärung und bahnt den Weg zu einer schrittweisen Überprüfung seines Vorgehens. Wer Schwie-

rigkeiten hat, ist sich meistens nicht ganz bewußt, was eigentlich vor sich geht. Der tatsächliche Grund seiner Erschöpfung ist, daß seine Erfahrung mit seinem Bewußtsein nicht in Einklang ist.
– Ja, du fühlst momentan, daß du nicht mehr weitermachen kannst.

Diese Antwort weist auf einen anderen Aspekt: Die Erfahrung ist vorübergehend. Unser Partner kann die Relativität seines Problems erkennen. Es kann aber auch vorkommen, daß er dies nicht als einen Teil seiner Aussage annimmt:
– Nein, das Problem ist nicht temporär, es handelt sich nicht um eine vorübergehende Empfindung.

In diesem Fall hat er seine ganze tiefe Verzweiflung ausgedrückt. Normalerweise tritt nach einer ganz tiefgehenden Selbstäußerung eine Pendelbewegung ein. Das bedeutet, es tritt eine Empfindung des Gegensatzes ein. Diese Regel ist bedeutungsvoll. Ich habe Kleinmütigen oft ihre vollkommene Hoffnungslosigkeit widergespiegelt:
* Du fühlst dich ganz verzweifelt.
* Du bist ganz hoffnungslos.

Darauf kam meistens die Antwort:
– Ja, ganz und gar.

Da er in seiner übertriebenen Behauptung völlig akzeptiert ist, tritt die Pendelwirkung ein. Er fängt an, die Hoffnung zu spüren, die unter dem Druck der Schwierigkeiten verdrängt war. Oft habe ich nach einigen Minuten gehört:
– Jetzt fühle ich doch etwas Hoffnung.

Diese Beispiele zeigen, daß jede Äußerung verhüllte Andeutungen in sich tragen kann. Die Spiegelung bietet Gelegenheit, sie auszudrücken, zu verneinen oder genauer zu bestimmen. Jedenfalls trägt sie dazu bei, sich tiefer in die Erfahrung zu versenken.

Sogar eine einfache Erzählung kann angedeutete Mitteilungen enthalten:
- Gestern bin ich um vier Uhr morgens schlafen gegangen.

Diese von jeder persönlichen und affektiven Beziehung scheinbar freie, einfache Aussage kann – je nach dem Zusammenhang – folgendes mitteilen:
* Heute bin ich müde.
* Erwarten Sie von mir heute nichts.
* Gestern habe ich mich gut unterhalten.
* Fragt mich, ich möchte gern erzählen, wie es mir gegangen ist.

Deshalb kann sich die Spiegelung auf jede dieser Bedeutungen beziehen.
* Du bist müde.
* Die Arbeit macht dir heute keine Freude.
* Du hast dich gut unterhalten.
* Du möchtest von deinem Erlebnis erzählen.

Auch die Aufzählung scheinbar unbedeutender Tatsachen und Daten kann wichtige stille Mitteilungen enthalten:
- Mein Mann arbeitet in der Fabrik. Er hat eine gute Position. Ich widme mich unserem Heim und den Kindern.

Unausgedrückte Mitteilungen:
* Diesbezüglich gibt es kein Problem.
* Jeder hat seine eigene Aufgabe.
* In dieser Hinsicht ist unser Heim ganz normal.

Wenn aber die Tatsache die folgende ist:
- Ich arbeite in der Fabrik und habe eine gute Position. Mein Mann widmet sich dem Haushalt und den Kindern,

dann kann die Mitteilung vielleicht bedeuten:
* Da liegt ein Problem.
* Wir leben in einer außergewöhnlichen Situation.

Die Empfindsamkeit, unausgesprochene Elemente einer Aussage zu erfassen, ist wesentlich, damit wir bis zum Herz des anderen vordringen und während des Gespräches die notwendige Spiegelung finden können.

Die Spiegelung kann ferner deshalb sehr wirkungsvoll sein, weil wir auch uns selber bestimmen, wenn wir von einem anderen sprechen. Wer sich einbildet, daß die Menschen überwiegend sehr klein sind, stellt sich vor, sehr groß zu sein. Wer andere geringschätzt, bezeugt seine Überheblichkeit. Wenn unsere Antwort das Bild widerspiegelt, das sich unser Gesprächspartner von demjenigen geformt hat, von dem er spricht, fügt sie seiner Erfahrung nichts Neues hinzu, kann ihm aber bedeutsam helfen, sein Ich und seine Erfahrung besser zu verstehen.

– Die Leute in meiner Pfarrei haben keine Ahnung, was es heißt, ein Christ zu sein. Sie gehen nicht zur Messe; es gibt keine Kooperation untereinander; nichts interessiert sie.
Die stillschweigende Mitteilung von sich selber ist:
* Ich bin der einzige, der das Christentum versteht.
* Ich möchte sie beeinflussen, zur Messe zu gehen.
* Ich gehe zur Messe.
* Ich bin sehr tätig und wünsche, sie wären auch aktiv.
* Für mich ist die Pfarrei sehr wichtig, aber ich kann es nicht erreichen, daß sie mitarbeiten.
* Ich bin ihnen überlegen.

Wir berühren hier die Grenze zwischen der nicht beabsichtigten und der beabsichtigten Mitteilung.

Mit nicht beabsichtigter Mitteilung meine ich das, was einer nicht sagen will, was ihm aber irgendwie entschlüpft. Die beabsichtigte Mitteilung ist die Mitteilung dessen, was man sagen will, der Bedeutungsinhalt der Äußerung. Dieser kann explizit oder implizit sein. Wenn der unausgedrückte Inhalt in der Spiegelung erscheint, ergibt sich die Gelegenheit, ihn genauer anzugeben, zu erklären oder zu verneinen. Im letzten der erwähnten Fälle wird der größte Teil der von sich unbewußt geoffenbarten Aspekte

wahrscheinlich nicht anerkannt werden. Eine treffende Spiegelung kann trotzdem gesucht werden, damit der Sprechende sich im Spiegel seiner Äußerungen eventuell selber erkennt.
* Du fühlst dich aktiver als die anderen.
* Du fühlst dich in der Pfarrei ganz isoliert.

Es gibt drei Typen der Spiegelung: die *Wiederholung* des ausdrücklich Gesagten; die ausdrückliche Erwähnung der in der Mitteilung vorherrschenden *Empfindungen* und die *Erhellung*. Zwischen den drei Typen gibt es keine deutlichen Grenzen.

Die *Wiederholung* verwendet dieselben Worte oder faßt das Gesagte zusammen. Sie ist bei Erzählungen angebracht, wenn die Mitteilung etwas beschreibt, wenn sie keine bedeutsamen Empfindungen enthält oder wenn der affektive Inhalt eigens ausgedrückt ist. Ihre Funktion ist, wie die Zeichensetzung für einen Text, die Äußerung zurechtzulegen oder lange Schilderungen zusammenzufassen. Hören wir dem Gespräch von zwei Freunden zu:

— Neulich kam Heinrich und lud mich zu einem Treffen ein. Dort fragten sie mich, ob ich mich nicht der Gruppe anschließen möchte. Es ist eine sehr interessante Gruppe von Jugendlichen. Ich weiß nicht, ob es richtig ist, den Antrag anzunehmen...
— Du weißt nicht, ob es richtig ist.
— Nein, ich weiß es wirklich nicht. Wir verstehen uns sehr gut, ich habe einige Freunde in der Gruppe, die ich öfter besuche...
— Du besuchst sie.
— Ja, und deswegen hätte ich Lust, der Einladung Folge zu leisten. Anderseits muß ich studieren, weil ich viel versäumt habe. Ich habe viel liegengebliebene Arbeit und

müßte einige Prüfungen ablegen. Die Gruppe nimmt viel Zeit in Anspruch, ich habe keine Zeit dafür.
— Du hast keine Zeit.
— Ja, das macht mir Sorgen. Vielleicht ist das aber nur ein Vorwand. Eigentlich fürchte ich mich.
— Du fürchtest dich.
— Ja, ich habe Angst, denn ich habe mich schon einmal an einer Gruppe beteiligt, habe viel Zeit verloren und mußte es schließlich wieder aufgeben. Ich will keinen neuen Fehlschlag...
— Du hast Angst vor einem Fehlschlag.
— Ja, ... ich fürchte mich außerdem ... noch aus einem anderen Grund.
— Aus einem anderen Grund.
— Ja, manchmal habe ich den Eindruck, daß ich mich in eine Gruppe überhaupt nicht hineinfinden kann.
— Überhaupt nicht.
— Ja, den anderen fällt das Sprechen leicht. Ich schweige gewöhnlich, weil es mir schwerfällt, vor anderen zu sprechen. Ich komme nicht zu Wort...
— Es fällt dir schwer.

Dieses Gespräch mag abgekürzt erscheinen, weil der in die Gruppe eingeladene Freund unglaublich schnell seine wirklichen Motive äußert und in kürzester Zeit seine Schüchternheit offen bekennt. Aber wenn der andere nur zuhört und widerspiegelt, kommt so etwas häufig vor. In diesem Gespräch können wir auch beobachten, daß die Spiegelung meistens dieselben Worte wiederholt, die sich auf das beherrschende Erlebnis beziehen. Dadurch lenkt sie das Gespräch. In der ersten Antwort wurde der Zweifel über die Annahme der Einladung wiederholt. Das war eigens ausgedrückt; deshalb ist das eine wiederholende Spiegelung. Die zweite Antwort (Du besuchst sie), die eine ganz einfache Wiederholung ist, benützt eine momentane Pause, um das Interesse zu bestätigen. In der dritten (Du hast keine Zeit) ist die vorher erwähnte Besorgnis wiederaufgenommen. Wir können auch beobachten, daß die Wiederholung meistens die letzten Worte benutzt. Die Zusammenfassung einer längeren Schilderung kann sehr nützlich sein. Wenn man den ganzen Satz wiederholt, unterbricht man den Gedankengang. Der Hinweis auf eine in den letzten Worten verborgene Empfindung hebt diese hervor. Die nächste Antwort (Du hast Angst . . .) ist sehr wichtig. Wie sich später herausstellt, ist die Angst ein überwiegender Faktor der Mitteilung. Die drei letzten Antworten erhalten die Aufmerksamkeit für das Angstgefühl und helfen, es zu äußern.

Die wiederholende Spiegelung gibt dem Gesprächspartner die Sicherheit, vollkommen verstanden, respektiert und akzeptiert zu sein. Die Spiegelung der *Empfindung* geht einen Schritt weiter: sie beabsichtigt, die Intention, die Einstellung oder die mit der Mitteilung verbundene Empfindung herauszulocken oder zu klären. Eigentlich hilft sie, das Wesentliche des ganzen Vorganges zu erhellen. Sie zieht wesentliche Elemente in den Vordergrund, hilft, die Intention, die Einstellung und die Empfindungen der Mitteilung ins Auge zu fassen. Sie ist die Spiegelung im wahren Sinne des Wortes, weil sie auf das hinweist, was offensichtlich zur Mitteilung gehört, obwohl der Sprechende es nicht betont. Dadurch lenkt sie die Aufmerksamkeit einem Reflektor gleich statt auf die Beleuchtung des Vordergrundes auf etwas aus dem Hintergrund Hervorgebrachtes hin. Dies auf ganz ungekünstelte Weise zu erreichen setzt voraus, daß man sich in das Erlebnis des anderen einfühlt. Beispielsweise beklagt sich Luise über das Verhalten ihrer Tante:

– Meine Tante ist unerträglich. Sie beanstandet alles und ist nie zufrieden. Sie lebt bei uns und findet an allem, was meine Mutter tut, etwas auszusetzen. Ihr ist nichts recht, was meine Mutter kocht. Sie meint, daß wir alle schlecht erzogen sind, weil zu ihrer Zeit alles anders war. Mich rügt sie immer, daß ich zu laut bin, nur an Unterhaltung und an junge Leute denke. Sie mahnt mich ständig, Respekt vor den Älteren zu haben.

Die wiederholende Spiegelung könnte sein:
* Sie ist unerträglich.

Das ist der ausgedrückte Inhalt. In diesem Fall wäre aber die Spiegelung der Empfindungen viel treffender:
* Deine Tante macht dich wütend. (Oder ganz einfach: Das macht dich wütend.)

Der Kern der Mitteilung Luises ist ganz genau ihre Wut auf die Tante; aber diese Wut ist nicht ausdrücklich in Worte gefaßt. Luise fühlt sich erleichtert, wenn wir ihr helfen, ihre Wut ganz direkt zu äußern. Ohne diese Selbsterkenntnis spricht sie nur von der Tante, obwohl ihr eigentlich die Wut der Tante gegenüber am Herzen liegt. In Worte gefaßt zu hören, was sie selber nicht ausdrücken konnte, gibt ihr ein sehr wohltuendes Gefühl, und sie kann darauf ungehindert reagieren, weil sie die Tatsache aus der Distanz sieht.

Wir haben die Spiegelung der Empfindungen beobachtet. Sie besteht darin, daß man den affektiven Inhalt erkennt und widerspiegelt, wenn dem Wortlaut nach nur äußere Tatsachen mitgeteilt werden. Das ist besonders wichtig, wenn der affektive Inhalt – wie im gegebenen Fall – sehr stark ist. Wenn das Problem auf einen anderen Schauplatz verlagert ist, führt die Spiegelung zu einer realistischeren Einsicht. Die Empfindungen solcher Personen widerzuspiegeln, die stundenlang unaufhörlich sprechen, aber nichts von sich selber sagen, ist sehr interessant.

Die Spiegelung der Empfindungen bringt unleugbar wesentliche Elemente zum Vorschein, während der dritte Typ, die *Erhellung,* darin besteht, solche Elemente zu erfassen, die, ohne ausdrücklich zur Mitteilung zu gehören, von ihr doch logisch abgeleitet werden können. Es bedarf einer großen affektiven Teilnahme, um richtig zu erfassen, wovon die Mitteilung unausgesprochen durchdrungen ist. Eine solche Aufklärung bietet für das Selbstbild des Gesprächspartners einen wichtigen Beitrag. Das ist ihr eigentlicher Wert. Anderseits besteht aber die Gefahr, daß sie seine Initiative und seine Verantwortlichkeit vermindert.

Die Erhellung ist von der Wahrnehmung des anderen getrennt und birgt in sich das Risiko, zurückgewiesen zu werden. Deswegen muß man dem Partner die Gelegenheit geben, sich über die Richtigkeit der Spiegelung zu äußern. Das geschieht mit Hilfe solcher Wendungen:
* Wenn ich es richtig verstanden habe ...
* Mir scheint, daß du ... sagen willst.
* Wenn ich mich nicht täusche ...
* Ich bin nicht sicher, dich richtig verstanden zu haben; es dünkt mir ..., daß du ... sagen wolltest.
* ..., doch ich weiß nicht, ob du das sagen wolltest.

Außer der Feststellung oder Bestätigung des Gesagten ist das Ziel dieser Wendungen auch, die durch das Anhören, das Erfassen und die Annahme erreichte Beziehung aufrechtzuerhalten und den anderen zu begleiten. Da die Erhellung an psychologische Interpretation grenzt, soll man sie nur ausnahmsweise anwenden. Die Antworten, die zuvor auf die Klage gegeben wurden, daß in der Pfarrei niemand mitarbeiten will, sind Erhellungen, denn sie weisen auf das Selbstbild des Sprechenden hin, während er die Mitglieder seiner Pfarrei aburteilt.

Die Rolle der Spiegelung im Dialog

Wir haben festgestellt, daß der wesentliche Teil einer Beratung das Einfühlungsvermögen ist, womit wir unseren Gesprächspartner durch die Spiegelung der erhaltenen Mitteilungen begleiten. Es dürfte auch klargeworden sein, daß sich autoritäre Menschen dieses Verhalten schwer aneignen können.

Im folgenden werde ich aufzeigen, wie jemand, der über seinen Gesprächspartner Autorität besitzt, dieses Einfühlungsvermögen sich dennoch aneignen und durch Spiegelung ausdrücken kann.

Toni spricht mit seinem Vater:
- In meiner Klasse hat jedes Kind ein Fahrrad (sagt Toni).
- Du bist der einzige, der kein Fahrrad besitzt (spiegelt der Vater).
- Ja, der einzige.
- Das gefällt dir nicht.
- Nein, es gefällt mir nicht.
- Ja, ich verstehe, Toni.
- Und nach der Schule drehen sie einige Runden. Sie amüsieren sich; dann kommen sie und erzählen, wie es zugegangen ist, wie schön es war ...
- Du fühlst dich ausgeschlossen.
- Ja, sie fragen mich auch, warum du mir kein Rad kaufst ...
- Sie fragen dich.
- Ja.
- Hm – (Pause.)
- Könnte ich auch ein Rad haben?
- Ich weiß sehr gut, Toni, daß es dich freuen würde, ein Rad zu haben. Ich möchte dir gern eines schenken, aber momentan kann ich dir keines kaufen. Sehr viele, wirklich notwendige Sachen fehlen uns noch. Verstehst du mich?
- Hm, (und nach einer Pause) aber ich möchte sehr gern ein Rad haben. Könntest du nicht eines auf Raten kaufen?
- Die Zeit wird schon kommen. Ja, Toni, es ist möglich, auf Raten einzukaufen, aber deine Eltern kaufen nicht auf Kredit. Wir halten es für falsch, nicht unbedingt notwendige Sachen zu kaufen, wenn wir dazu kein Geld haben. Etwas erst später zu bezahlen ist nicht so einfach. Wenn du groß bist, wirst du das besser verstehen. (Einen Moment schweigen beide.) Ich verstehe, daß dich das nicht zufriedenstellt. Du hast damit noch kein Rad. Ich würde dir gerne ein Rad kaufen, wenn ich dazu das Geld hätte. Verstehst du das?

Analysieren wir diesen Dialog: Trotz seiner Einfachheit ist er sehr wertvoll. Der Vater schafft ein warmes, verständnisvolles Klima und bietet unausgedrückt Sicherheit. Es wäre viel leichter gewesen zu sagen: Ein Rad zu besitzen ist nicht wichtig.

Untersuchen wir die Antworten nacheinander. Toni erwähnt die Tatsache: In seiner Klasse haben alle ein Rad. Der Vater verlegt den Mittelpunkt der Aussage von den anderen Kindern auf Toni:
– Du bist der einzige, der kein Fahrrad hat.

Was Toni sagen will, bezieht sich nicht auf die anderen Kinder, sondern auf sich selber; die anderen sind nur nebenbei anwesend, weil er sich nicht traut, unmittelbar von seinem Anliegen zu sprechen. Der Vater erfaßt die Situation und verlegt das Zentrum der Aufmerksamkeit auf Toni. Das ist eine Erhellung. Der Vater beteiligt sich schon vollkommen an der Begebenheit und weist indirekt auf das Gefühl der Ausgeschlossenheit hin:

Toni benützt die Gelegenheit, er bestätigt und betont sein Ausgeschlossensein:
– Ja, der einzige.

Der Vater bezeugt, daß er den Gemütszustand des Jungen erfaßt und akzeptiert hat:
– Das gefällt dir nicht.

Toni betont seine Empfindung neuerdings und der Vater sein Verständnis:
– Nein, es gefällt mir nicht.
– Ja, ich verstehe, Toni.

Die letzte Antwort ist keine Spiegelung, sie versichert verbal das Verständnis. Der Vater gibt ihm Zeit. Dann fängt Toni an, sein Erleben mit einer Schilderung zu erklären:
– Und nach der Schule drehen sie einige Runden . . .

Der Vater überträgt die Aufmerksamkeit nochmals auf Toni und formuliert ausdrücklich das Ausgeschlossensein:
– Du fühlst dich ausgeschlossen.

Die durch die Spiegelung gewonnene Zeit ist wichtig, weil die Gemütsäußerungen viel langsamer sind als die des Gedankenganges. Das Verständnis des Vaters gibt Toni Vertrauen, seinen Wunsch wenigstens indirekt zu äußern.
– Ja, sie fragen mich auch, warum du mir kein Rad kaufst.
 Der Vater ist einfühlsam. Er ärgert sich nicht, greift dem Wunsch seines Sohnes auch nicht vor, damit er sich selber bemüht, seine Bitte zu formulieren. Darum macht er eine wiederholende Spiegelung.
– Sie fragen dich.
 Toni kämpft innerlich mit sich. Der Vater gibt ihm Zeit.
– Ja.
– Hm (Pause).
 Toni formuliert endlich seine Bitte:
– Könnte ich auch ein Rad haben?
 Toni hat sich schließlich entsprechend geäußert. Der Vater kann nun sein bisheriges Verhalten aufgeben, und das Gespräch tritt in eine neue Phase. Jetzt ist es Toni, der zuhören muß, obwohl der Vater auch weiterhin sehr verständnisvoll bleibt. Bevor er die Bitte verneint, bestätigt er auch mit Worten seine Einsicht. In der letzten Antwort rechtfertigt er sich nicht damit, der Kauf sei unerschwinglich, sondern sagt ganz offen, daß er sich momentan eine solche Schuld nicht aufbürden will.

Dieses Beispiel veranschaulicht, daß die Spiegelung eine Anteilnahme an dem Erlebnis des anderen ist und ein aufrichtiges Gespräch nicht unmöglich macht, sondern dessen wesentlichen Teil bildet. Im Laufe desselben Gespräches können wir den Partner anhören und uns äußern. Wenn unser Partner etwas mitteilen will, müssen wir uns empfänglich verhalten. Dadurch, daß wir seine Mitteilungen widerspiegeln, faßt er Mut, sich eingehender kundzugeben. Den Übergang vom Anhören zur Äußerung bestimmt nicht unser Verständnis für die Tatsache. Wir können schon längst erfaßt haben, was der andere sagen möchte, aber das genügt noch nicht. Das Wichtige ist, daß er sich tatsächlich äußert, wie im angeführten Beispiel. Der Vater hat den Sachverhalt schnell durchschaut, trotzdem hatte er es nicht eilig, sich zu rechtfertigen oder sich auf seine Autorität zu berufen. Er hat seinem Sohn Zeit gegeben, den mühsamen Weg der Selbstäußerung zu gehen.

Beobachten wir noch ein anderes einfaches Beispiel. Ein Priester spricht in seinem Empfangszimmer mit einer Frau aus der Provinz über die Taufe ihres Sohnes:
— Guten Tag, Herr Pfarrer.
— Guten Tag, Frau X., wie geht es Ihnen?
— Danke, recht gut.
— Das freut mich. Kann ich Ihnen irgendwie behilflich sein?
— Ja, Herr Pfarrer, ich möchte Sie bitten, meinen Sohn zu taufen.
— Sie möchten ihn taufen lassen.
— Ja, denn er ist schon zwei Monate alt.
— Sie meinen, es ist schon Zeit.
— Ja, meine Schwiegermutter besteht auch darauf, daß wir ihn taufen.
— Sie besteht darauf.
— Bis jetzt waren die Paten nicht hier, darum konnten wir das Fest nicht veranstalten.
— Jetzt sind sie schon da.
— Ja, Herr Pfarrer, sie sind aus Salta gekommen . . . denn wir stammen von Salta.
— Sie sind von Salta.
— Ja, wir sind auch sehr gläubig. Wir wurden alle in der Kathedrale von Salta getauft und wir haben immer an der Novene des wundertätigen Christus teilgenommen.
— Sie sind recht gläubig.
— Ja, Herr Pfarrer, wir sind sehr gläubig. Deswegen möchte ich meinen Sohn taufen lassen. Ich will, daß er seine Religion kennenlernt.
— Sie wollen ihn im Glauben erziehen.
— So ist es, Herr Pfarrer. Kennen Sie Pater Robert?

- Pater Robert?
- Ja, Pater Robert von Salta.
- Nein, ich kenne ihn nicht.
- Er hat meine anderen Kinder getauft. Er war sehr gütig.
- Sie haben ihn gern.
- Mir wäre es lieb gewesen, wenn er auch diesen Sohn getauft hätte, aber wir können nicht nach Salta fahren.

Beobachten wir, was im Lauf dieses Dialogs geschehen ist. Sie begrüßen sich gegenseitig. Der Priester ergreift gleich die Initiative mit der Frage, wie es seiner Besucherin gehe, und stellt sich ihr zur Verfügung. Als Antwort bittet ihn die Frau, ihren Sohn zu taufen. Der Priester spiegelt die Bitte wider:
- Sie möchten ihn taufen lassen.

Dadurch gibt er ihr die Gelegenheit, sich weiterhin zu äußern, und bezeugt seine Teilnahme, statt sie auszudrücken, durch zuhören. Die Frau macht nähere Angaben, sie gelten als Rechtfertigung, sind aber gleichzeitig der Beweis einer inneren Bedrängnis:
- Ja, denn er ist ja schon zwei Monate alt.

Die Antwort des Priesters ist eigentlich die Spiegelung dieser Empfindung:
- Sie meinen, es ist schon Zeit.

Die Frau fügt weitere Angaben hinzu:
- Ja, meine Schwiegermutter besteht auch darauf, daß wir ihn taufen.

Der Priester spiegelt wider:
- Sie besteht darauf.

Die Frau fährt fort:
- Bis jetzt waren die Paten nicht hier, darum konnten wir das Fest nicht veranstalten.

Das Fest ist für sie etwas sehr Wichtiges. Für den Priester hat es keine so große Bedeutung. Er versteht sie aber, und sie fühlt sich viel leichter, weil sie es erwähnen konnte. Der Priester nimmt dadurch Anteil an ihrem Erlebnis, daß er den positiven Teil widerspiegelt:

– Jetzt sind sie schon da.
– Ja, Hochwürden, sie sind von Salta gekommen.
Für sie bedeutet Salta sehr viel an Erinnerungen. Wie sich später herausstellt, ist es ihre Heimat. Von dort hat sie sich die Paten gewählt. Dort sind auch ihre Religion und ihre Traditionen verwurzelt. Salta ist Beweis ihrer Identität und beglaubigt, daß sie katholisch ist. Der Priester spiegelt geduldig:
– Sie sind von Salta.
Dann fängt die Frau an, ihren Glauben nachdrücklich zu bezeugen:
– Ja, wir sind sehr gläubig. Wir alle wurden in der Kathedrale von Salta getauft und haben immer an der Novene des wundertätigen Christus teilgenommen.
Jetzt macht sie schon vertrauliche Mitteilungen über ihr religiöses Leben. Wenn ein Priester ein Kind taufen soll, interessiert es ihn, ob die Eltern gläubig sind. Er müßte sie befragen, aber in diesem Fall ergibt sich die Tatsache von selbst. Sie anzuhören genügt. Deshalb spiegelt er:
– Sie sind recht gläubig.
Im nächsten Satz erklärt die Frau ihre feste Überzeugung über die Bedeutung religiöser Erziehung:
– Ja, Herr Pfarrer, wir glauben wirklich. Deswegen möchte ich meinen Sohn taufen lassen. Ich will, daß er in unserer Religion unterrichtet wird.
Der Priester überträgt ihre Worte in die kirchliche Terminologie:
– Sie wollen ihn im Glauben erziehen.
Die Frau fühlt sich schon so vertraut, daß sie den Priester mit Pater Robert in Verbindung setzt.
– So ist es, Herr Pfarrer. Kennen sie Pater Robert?
Die Spiegelung wäre:
– Sie möchten wissen, ob ich Pater Robert kenne.
Das hätte hier keinen Sinn, deswegen ändert er sein Verhalten und antwortet unmittelbar, daß er ihn nicht kennt. Dann erzählt die Frau, wie gut Pater Robert zu ihnen war.

Der Priester spiegelt ihre Empfindung:
— Sie haben ihn sehr gern.

Die Antwort ist zustimmend; sie haben ihn so gern, daß sie eigentlich vorhatten, nach Salta zu fahren, damit er das Kind taufe. Die Frau fühlt sich schon sehr heimisch. In fünf Minuten hat sie ihren Glauben geäußert, sie hat erzählt, wie tief sie in ihrer Heimat und der religiösen Tradition ihrer Landsleute verwurzelt ist. Sie hat auch von ihrer Entschlossenheit gesprochen, den Glauben ihrer Väter weiterzugeben, und hat die Hochschätzung ihrer Familie Pater Robert gegenüber wie auch die bevorstehende Festlichkeit zur Sprache gebracht. Der Geistliche hat sie nicht gefragt, trotzdem kam innerhalb von fünf Minuten all dies zum Vorschein. Falls der Priester sie ersuchen müßte, an einer Beratung oder an einem Unterricht teilzunehmen, wüßte er sogar, worauf er seinen Vorschlag begründen kann. Es ist sehr wertvoll, daß die Frau all dies von selber mitgeteilt hat. Sie kann auch überzeugt sein, daß dieser Geistliche wenigstens so gut ist wie Pater Robert.

Wann und wem gegenüber soll man nur spiegelnde Antworten geben und sich darauf beschränken, die Mitteilungen treu wiederzugeben?

Spiegelung ist immer dann notwendig, wenn der Gesprächspartner etwas von sich selber mitteilen möchte, das ihm offensichtlich schwerfällt, denn die Spiegelung läßt ihm Zeit und stärkt sein Vertrauen. Im allgemeinen kann man davon ausgehen, daß der Gesprächspartner aus einer inneren Fülle heraus reden möchte; deshalb ist es richtig, seine Äußerungen so lange wiederzugeben, bis positive Zeichen darauf hinweisen, daß er nichts mehr sagen will. Wir müssen noch hinzufügen, daß im religiösen Bereich die Kommunikation meistens intim und tiefgehend ist, daß sie sich aber ohne ein sehr vertrauensvolles Klima nicht verwirklichen kann. In religiösen Gesprächen ist es darum unerläßlich, lange genug zu spiegeln.

Bevor ich in einem Gruppengespräch etwas sage, höre ich meine Studenten immer an und gebe spiegelnde Antworten. Solange kein Interesse für das besteht, was man sagen will, ist es viel zweckmäßiger, nichts zu sagen. Das Interesse für die Mitteilung des anderen ist eine recht christliche Einstellung. Auch den Streitsüchtigen und den Kritikern müssen wir spiegelnde Antworten geben. Ich gebrauche die Spiegelung meistens, wenn mir öffentlich eine zweideutige Frage gestellt wird oder wenn ich wenigstens den Verdacht habe, daß die Frage das eigentliche Problem tarnt. Solche Antworten bringen das schnell zum Vorschein. Menschen, die ohne Unterbrechung reden, ohne etwas zu sagen, gebe ich gewöhnlich Spiegelungen des Empfindens. Dadurch führe ich das Gespräch in eine realistische Richtung. Wenn in einem Gespräch die Kommunikation inhaltslos ist, ist es meistens ebenfalls sehr ratsam, spiegelnd zu reagieren.

Meiner Ansicht nach muß man mit besonderer Selbstdisziplin das Zuhören üben, damit es zur Gewohnheit wird. Aber die Spiegelung ist nur der konkrete Ausdruck der sozialen Sensibilität. Hat man sie erlernt, wird sie spontan und macht es möglich, vom Zuhören zu Äußerungen unbemerkt überzugehen und auch umgekehrt.

Empfehlungen

Wer mit einfühlendem Verstehen und mit großem Respekt die ihm anvertrauten Mitteilungen seiner Mitmenschen aufnimmt, kann unbeschreiblich viel Gutes tun. Sein Gesprächspartner nimmt seine Einstellung sofort wahr, empfindet Vertrauen und fängt an, sich zu öffnen: erleichtert lernt er, sich selber zu erkennen, und atmet auf. Wenn er sich wohl fühlt, spricht er auch ganz offen von Gott.

Das Geheimnis, solches Verhalten schätzen zu können, es zu wünschen und den Willen zu haben, es sich anzueignen, liegt in einer kontemplativen Einstellung. Mit einer solchen

Einstellung nimmt man sich Zeit und hat keine Eile, betrachtet die Natur in Ruhe, läßt sich von Ideen und Vorhaben nicht blenden und will sie nicht in aller Eile verwirklichen; man bildet sich nicht ein, die Welt erlösen zu können; man entspannt seinen Körper, wenn nötig, und vermeidet, unter bedrängenden emotionalen Streß zu geraten; so steigert sich die Sensibilität den Mitmenschen gegenüber. Man versucht nicht den Nächsten zu verbessern oder ihm das unvermeidbare Leid zu ersparen. Durch die kontemplative Haltung wird die Liebe selbstloser und begnügt sich damit, den anderen zu begleiten.

Hervorragende, intellektuell eingestellte Priester sind mir begegnet, die von dieser respektvollen Einstellung und von der innewohnenden, auf den anderen bezogenen Liebe sehr ausführlich sprechen konnten. Als sie mir aber später von ihren Beratungsgesprächen erzählten, bemerkte ich, daß sie in der Praxis ihre Lehre nicht verwirklichen und nicht einmal wahrnehmen, daß ihr Vorgehen ihrer Überzeugung ganz und gar entgegengesetzt ist.

Dem anderen gegenüber eine kontemplative Haltung anzunehmen ist nicht einfach. Wer mit großem Enthusiasmus helfen möchte, gerät sehr leicht in die Versuchung, den anderen zu unterstützen oder zu schützen. Mit großer Erfahrung kann man sehr schnell eine Lösung ins Auge fassen und Ratschläge geben, wobei man sich nicht Rechenschaft gibt, daß sich dadurch die menschliche Beziehung ändert. Deshalb habe ich mich bemüht, die Bedingungen eines einfühlenden und kontemplativen Gespräches deutlich darzulegen. Auf Grund dieser Darlegungen kann sich jeder prüfen und feststellen, ob seine Reaktionen dem anderen gegenüber selbstlos sind oder nicht. Im folgenden möchte ich einige Übungen empfehlen, um den Interessierten das Erlernen der kontemplativen Einstellung zu erleichtern. Eigentlich will ich schildern, wie ich mir dieses Verhalten angeeignet und anderen beigebracht habe. Meiner Überzeugung nach sollte kein Priester zu seelsorglicher Arbeit zugelassen werden, ohne in diesem Verhalten bewandert zu sein. Ich meine außerdem, daß jeder Gläubige, der mit religiösen Problemen irgendwie in Berührung kommt, fähig sein sollte, seinen Brüdern und Schwestern ein solches einfühlendes Verstehen entgegenzubringen. Folglich kann man behaupten, daß diese kontemplative Einstellung in jedem Glaube und Religion betreffenden Gespräch tatsächlich erforderlich ist.

Als ich überzeugt war, daß ein solches kontemplatives Verhalten sehr viel Gutes bewirkt, beschloß ich, es zu erlernen. Ich nahm das erwähnte Buch zur Hand, das viele, den hier angeführten Beispielen ähnliche Gespräche enthält, die aber von psychologischen Behandlungen herstammen. Ich wählte mir ein Beispiel aus, las es aufmerksam durch, und ohne auf die Antworten zu schauen, versuchte ich selber zu antworten. Für den Anfang ist das eine sehr gute und empfehlenswerte Übung. Nehmen Sie z. B. den Anfang dieses Kapitels. Lesen Sie aufmerksam die Erklärung der fünf typischen Antworten: Urteil, Interpretation, Frage, Stütze und Spiegelung. Nachdem Sie sich die Bedeutung jeder einzelnen eingeprägt haben, lesen Sie die Beispiele, und versuchen Sie, auf jeden angeführten Fall – ohne im Text nachzuschlagen – schriftlich fünf typische Antworten zu geben. Schließlich vergleichen Sie Ihre Aufzeichnungen mit denen im Buch. Nach solchem Einüben können Sie zu den folgenden Abschnitten übergehen und genauso verfahren.

Mir war es viel leichter, diese Übungen mit Gruppen durchzuführen. Ich versetzte mich an die Stelle einer anderen Person und fing an, mich mit einigen Sätzen zu beklagen oder ein anderes Problem, eventuell einen erdachten oder realen Seelenzustand, aufzuwerfen. Jeder Anwesende mußte die fünf Antworten schriftlich festlegen. Nachher las jeder seine erste Antwort vor, und wir analysierten sie gemeinsam. Danach kam die zweite Antwort an die Reihe, und dies wurde fortgesetzt, bis alle verarbeitet waren. Wir übten dieses Verfahren mit verschiedenen Fällen, bis es alle lernten.

Nach diesen Übungen forderte ich jemanden aus der Gruppe auf, ein zur öffentlichen Besprechung geeignetes Problem vorzutragen, und ich gab die Spiegelungen. Die übrigen konnten beobachten, wie ein längeres, nur auf Spiegelung gegründetes Zwiegespräch geführt werden kann. Später führten die Teilnehmer der Gruppe auf dieselbe Weise längere Zwiegespräche miteinander. Jedesmal haben wir den Vorgang besprochen.

Gleichzeitig muß man damit anfangen, das Leben selber zu beobachten. Wie gestaltet sich die Beziehung der Teilnehmer während eines Dialogs? Obwohl von Dingen des Glaubens die Rede sein kann, ist doch ein Gegensatz verschiedener Meinungen möglich. Jeder verneint, was der andere behauptet. Das führt zu einer nutzlosen Debatte. Um das kontemplative Verhalten zu erlernen, ist es unumgänglich, sich das Thema und die sich im Laufe des Gesprächs bildende Beziehung gleichzeitig vor Augen zu halten. Wer öfter und geduldig einer längeren Diskussion zuhört, wo keiner den anderen anhört, kann lernen, das Thema und die Beziehung der Teilnehmer nebeneinander wahrzunehmen.

Als nächsten Schritt kann man die oben erwähnten Elemente in Gesprächen beobachten, an denen man selber teilnimmt. Dabei können Sie auch den Typ Ihrer Antworten nachprüfen. Biete ich Stütze in Schwierigkeiten? Bin ich der Vertreter der Moral? Bin ich der Psychologe, der interpretiert? Bin ich ein Detektiv, der mit großer Geschicklichkeit alles ans Tageslicht bringt? Bin ich derjenige, der die eigenen Schwierigkeiten fortlaufend in die Angelegenheiten anderer hineinmischt, die nichts damit zu tun haben? Oder bin ich ein Freund, der anhört und begleitet? Bevor jemand seine Einstellung ändern kann, muß er seine eigenen Gewohnheiten erkennen. Danach kommt die Umstellung von selbst.

Beobachten Sie die Empfindungen des Sprechenden. Bleiben Sie bei seinen Worten und seinem Thema nicht stehen. Versuchen Sie, sich in sein Erlebnis hineinzuversetzen. Das stärkt die Sensibilität dem anderen gegenüber. Wenn Sie zum Beispiel an einem Gespräch als Dritter – der dazu nicht viel beiträgt – teilnehmen, können Sie versuchen, die Gefühle, die den Sprechenden durchdringen, zu erraten. Im Gemütsleben gibt es viele Nuancen. Wenn von einem Verstorbenen die Rede ist, kann einer betrübt sein, der andere sich niedergeschlagen, schmerzerfüllt oder ängstlich fühlen. Der dritte spürt einen Widerstand und will über dieses Thema nicht sprechen. Jemand kann sich, von Liebe erfüllt, dem Verstorbenen sehr nahe fühlen. Ein anderer kann seine Empfindungen unterdrücken und Teilnahmslosigkeit zeigen. Der Sprechende drückt diese unterschwelligen Gefühle selten aus, aber sie zu erkennen ist entscheidend für das Verständnis des Gesprächspartners. Deshalb ist es gut, man hat gelernt, sie zu erraten. Ist von vergangenen Ereignissen die Rede – wie von einem Ausflug –, erinnert sich ein jeder an verschiedene Eindrücke. Lernen Sie, diese aus den Worten und vom Gesichtsausdruck abzulesen.

Nach all diesen Übungen fangen Sie an zu spiegeln. Fällt es Ihnen anfangs schwer oder kommt es Ihnen gekünstelt vor, dann hören Sie schweigend zu und antworten nur mit einem „Ja" oder einem zustimmenden „Hm". Bald werden Sie die wiederholenden Spiegelungen erlernen oder die längeren Formeln der Erklärung anwenden: „Wenn ich dich recht verstehe...". Sie lernen auch allmählich den anderen, dem es schwerfällt, seine Empfindungen auszudrücken, mit seinen Erlebnissen nicht zu unterbrechen. Nehmen Sie immer an, daß Ihr Gesprächspartner viele Gefühle und Eindrücke hat, die er noch nicht ausdrücken kann. Er hat außerdem einen religiösen Bereich, von dem zu sprechen es ihm Mühe kostet. Nur wenn Sie ihm mit einem tiefen, herzlichen und einfühlenden Verstehen entgegenkommen, wird er anfangen, sich zu lockern. Das hilft auch, das Interesse für den anderen aufrechtzuerhalten. Mit der Zeit lernen Sie, dieses einfühlende Verhalten auch über längere Zeit zu meistern.

Viertes Kapitel
Zeugnis geben

Das Zeugnis des Lebens

Bisher haben wir festgestellt, daß wir, um den Glauben zu fördern, die Mitteilungen des anderen anhören, verstehen, annehmen und widerspiegeln müssen. Jetzt beschäftigen wir uns mit den Mitteilungen, die wir selber machen möchten. Die Apostel haben die gute Botschaft der Erlösung kundgetan. Sie haben von Jesus Christus gesprochen. Sie waren Zeugen seines erlösenden Todes am Kreuz und seiner glorreichen Auferstehung. Wenn wir dem Glauben der anderen beistehen wollen, müssen wir uns klarwerden, wie wir von Jesus Christus Zeugnis ablegen können.

Eigentlich bedeutet dieses Zeugnis, das mit Worten ausgedrückte Bekenntnis, daß wir an Jesus Christus, an seine Auferstehung und an alles glauben, was uns diese Überzeugung in diesem und im zukünftigen Leben bedeutet. Wenn wir uns das Zeugnis der Apostel vor dem Sanhedrin oder inmitten der Verfolgungen vorstellen, verstehen wir seine gewaltige Kraft. Während der ersten Jahrhunderte hat das Glaubenszeugnis an Jesus Christus meistens Verfolgung oder auch Tod zur Folge gehabt. Das war eine radikale Verpflichtung, die eine vollkommene Hingabe erforderte.

Im Laufe des vierten Jahrhunderts hat die römische Welt das Christentum angenommen, und die Lage hat sich so weit entwickelt, daß ein Heide sogar keinen öffentlichen Posten mehr bekleiden konnte. Als Folge dieser Verfolgung der Nichtchristen wurde dem Bekennen des Glaubens eine ganz andere Bedeutung beigemessen. Es verlor seine Kraft, bedeutete aber in vielen Fällen einen materiellen, politischen und oft sehr einträglichen Vorteil, weshalb es auch von jeglicher religiösen Bedeutung entblößt sein konnte. Um überzeugt zu sein, ob ein wahrhafter Glaube auch vorhanden war, mußten außer der wörtlichen Äußerung auch andere Zeichen zum Zeugnis beitragen. In diesem Sinn sprechen wir vom Zeugnis des Lebens, von einem Leben in vollkommener Harmonie mit den wörtlichen Äußerungen. Wenn wir verkünden, daß Gott die Liebe ist, dann müssen wir mit unserem Leben bestätigen, daß wir uns gegenseitig lieben. Wenn wir uns nicht lieben, verneinen wir mit unserem Leben, was wir mit Worten verkünden.

Im wahren Sinne des Wortes ist heutzutage das Glaubenszeugnis auch nichts anderes als das Zeugnis unseres Lebens. Johannes, der Apostel, charakterisiert sein Zeugnis folgendermaßen:

... was wir gehört haben,
was wir mit unseren Augen gesehen,
was wir geschaut und mit unseren Händen betastet haben,
das verkünden wir vom Wort des Lebens ...

Was wir gesehen und gehört haben,
das verkünden wir auch euch,
damit auch ihr Gemeinschaft mit uns habt.
Wir haben aber Gemeinschaft mit dem Vater
und mit seinem Sohn Jesus Christus.   (1 Joh 1, 1–3)

Johannes sagt, daß er seine Erfahrung bekanntmacht, das heißt sich selber. Wir könnten das ausdrücklicher so formulieren: Ein Zeugnis ablegen bedeutet, von sich selber Zeugnis abzulegen, sich zu offenbaren, sich zu erkennen zu geben.

Der erste, der sich geoffenbart hat, war Jahwe. Er erschien Mose im brennenden Busch, offenbarte sich selber und seine erlösenden Absichten. Jesus Christus tat dasselbe. Er offenbarte sich den Aposteln. Auf dem Berg Tabor zeigte er sich in seiner Herrlichkeit. Während seines öffentlichen Lebens hat er den Aposteln vertrauliche Mitteilungen gemacht, die allmählich den Reichtum seiner Persönlichkeit, die Transzendenz seines Seins und seine Liebe für seine

Jünger erkennen ließen. Durch das Offenbaren seines Lebens haben sie in ihm den Gesandten des Vaters erkannt, der mit dem Vater so innig vereint ist, daß er schließlich sogar behauptete, mit ihm eins zu sein:
— Herr zeig uns den Vater – sagte Philippus –, und es genügt uns.
— Schon so lange bin ich bei euch – antwortete Jesus –, und du hast mich nicht erkannt, Philippus? Wer mich gesehen hat, hat den Vater gesehen ... (Joh 14, 8–9).

Das Zeugnis, das Jesus vom Vater ablegte, macht nicht den Eindruck, als sei von einer dritten Person die Rede, sondern bezeugt sein Inneres, seine Sendung, seine Gedanken und seine Beziehung zum Vater. Er gibt sich selber zu erkennen, und in dieser Offenbarung erscheint der Vater.

Zeugnis geben bedeutet immer, unser Leben zu öffnen, mitzuteilen, was wir sind, in Worte zu fassen, was wir erleben, was uns beschäftigt, was uns schmerzt oder Freude bereitet. Wir geben an, welchen Sinn das Leben und die Ereignisse für uns haben, und öffnen unser Herz. Wenn jemand sein Herz öffnet und dieses Herz mit dem Glauben an Jesus Christus erfüllt ist, legt er Zeugnis von ihm ab. Diese persönliche Offenbarung, diese unentgeltliche menschliche Öffnung ist die Grundlage dafür, daß einer seinen Glauben mitteilen kann.

Einer meiner Freunde, ein Missionar in Zaire, erzählte mir vor einigen Jahren sehr lebendig, auf welch abenteuerliche Weise er seinen Bestimmungsort erreichen mußte. Im ganzen Gebiet gab es keine Eisenbahn, keine Straßen oder Flugplätze. Er mußte mit dem Schiff oder Boot fahren, auf Fußwegen und durch Morast gehen, um gelegentlich Führer oder Transportmöglichkeiten zu finden, oder er mußte lange Zeit warten, bis er sich einer Karawane anschließen konnte. Seinen Bestimmungsort zu erreichen schien ihm endlos, weil das Verkehrswesen jeder Grundlage entbehrte. Zwischen den verschiedenen Stämmen war auch keine Verbindung, es gab ja keine Straßen, Brücken, Schienen, aber auch keine Post,

Telefon- oder Telexverbindung. Uns sind diese Grundlagen des Verkehrs und der Kommunikation so selbstverständlich, daß wir sie im Gebrauch kaum wahrnehmen. Dieses Bedrüfnis in unserer Umgebung zu beobachten ist auch sehr interessant. Wenn es regnet, fährt dort, wo kein Pflaster ist, der Milchwagen nicht hin, die Lebensmittelgeschäfte bekommen keine Lieferungen und auch die Müllabfuhr stockt. Wo das Pflaster schon gelegt ist, beginnt der alltägliche Verkehr und der Handelsaustausch. Werkstätten und Fabriken lassen sich nieder, die ohne Straßen nicht bestehen können. Wie schaut ein Wohnviertel aus, wo nicht einmal ein Bürgersteig vorhanden ist? Damit ein Wohnviertel erreichbar ist, muß der Verkehr eine Grundlage haben. Die Fähigkeit zur Kommunikation ist die Grundlage für die Übermittlung des Glaubens.

Wie peinlich ist es, wenn uns jemand, ohne eine gute menschliche Beziehung zu uns zu haben, den Glauben übermitteln will! Denken wir nur an einige Sektenanhänger, wie die Zeugen des Jehovas, die von Tür zu Tür gehen und ihre religiöse Habe aufdrängen wollen. Sie sind verpflichtet, eine bestimmte Zeit apostolisch zu wirken, aber sie erfüllen diese Aufgabe, ohne von sich selber etwas zu geben oder eine echte Kommunikation zu suchen. Sie möchten ihre Überzeugung aufdrängen, aber die menschliche Beziehung interessiert sie nicht. Ähnliches kommt auch in unseren katholischen Kreisen vor, wenn sich jemand vornimmt, im Glauben zu unterrichten, ohne sich zu einem persönlichen Zeugnis verpflichtet zu fühlen.

Die menschliche Kommunikation besteht aus Empfangen und Geben. Wir erhalten und machen Mitteilungen, nehmen Zeugnis an und legen Zeugnis ab.

Die Kundgabe unserer Erlebnisse ist auch dann ein positives Zeugnis, wenn wir etwas Negatives vermitteln oder wenn Fehler, Unzufriedenheit, eventuell sogar Glaubensschwierigkeiten auftauchen. Vor einiger Zeit gab ich auf der Universität einen Kurs in Theologie, der ganz auf Reflexion eingestellt war. Zehn Studenten der Soziologie nahmen daran teil, davon waren vier Atheisten. Wir tauschten unsere Glaubenserfahrungen aus. Die Atheisten erzählten, warum und wie sie zu ihrer Überzeugung gekommen waren. Während der Auswertung des Kurses gestanden drei von ihnen ein, daß sie angefangen hätten, an Gott zu glauben. Eine etwa dreißigjährige Jüdin erklärte, daß sich in der Gruppe ein solches Milieu gebildet habe, wo der gegenseitige Respekt und die wechselseitige Annahme dazu beigetragen hätten, daß die Teilnehmer, die sich schon seit Jahren kannten, angefangen hätten, miteinander als Personen umzugehen und sich zu lieben. Und wo man sich liebt – fügte sie hinzu –, dort kann man Gott nicht verneinen. Die Glaubensbekenntnisse wie auch die aufrichtigen und respektvollen Äußerungen der Atheisten hatten den Glauben aller günstig beeinflußt. Deswegen bin ich überzeugt, daß die Mitteilung dessen, was einer lebt, den Glauben der anderen sogar dann begünstigt, wenn jemand seinen Unglauben bezeugt. Die Offenbarung unseres Lebens ist eine realistische Mitteilung, sie spricht vom Leben, und das Leben ist Gott. Wird diese Mitteilung ehrfurchtsvoll aufgenommen, dann wird Kommunikation möglich, und diese ist Liebe. Wo Liebe ist, dort ist auch Gott anwesend.

Einen Fehler einzugestehen kostet viel, weil wir immer geneigt sind, unser Selbstbild zu schützen. Das Eingeständnis meiner Fehler hat jedoch schon einige Male dazu geführt, daß mein Glaubenszeugnis angenommen wurde, weil ich mich unvollkommen gezeigt habe. In dieser mit menschlichen Schwächen behafteten Welt macht das Zeugnis der Vollkommenen, die nur sich selber Tugenden beimessen, einen unglaubhaften und irrealen Eindruck. Ich glaube, daß auch Jesus Christus deshalb in einem armen Land als ein wehrloses Kind zu uns kam, ohne politische Macht, und sich gefangennehmen ließ wie jeder andere. Er hat sich verwundbar zeigen wollen, weil seine so unglaubliche Botschaft von der unermeßlichen Liebe des Vaters den

Menschen sonst nicht zugänglich gewesen wäre. In Gruppen, wo wir Glaubensfragen besprochen haben, habe ich auch einige Male erwähnt, Glaubenszweifel gehabt zu haben, und ich habe erzählt, wie ich diese erlebt habe. Für die Unschlüssigen war das meistens Balsam. Sie sagten, wenn sogar ein Geistlicher in seinem Glauben Bedenken haben könne, dann seien sie auch noch nicht verloren. Nachdem sie angehört hatten, wie ich meine Zweifel bewältigt hatte, fühlten sie sich besser orientiert und mehr gestärkt, als wenn ich ihnen über die Überwindung von Glaubensschwierigkeiten eine theoretische Erklärung vorgelegt hätte.

Die Fähigkeit, Zeugnis zu geben, ist an Bedingungen geknüpft. Erstens muß das Klima vertrauensvoll sein, wir können unsere Erlebnisse ja nicht einem jeden mitteilen. Geben Sie deshalb nie mehr von sich preis, als Sie wirklich mitteilen können oder möchten. Bevor Sie eine persönliche Mitteilung machen, ist es klug, erst das Gesprächsklima zu erkunden. Ein relativ belangloses Thema kann einem schon zeigen, wie ein Gesprächsbeitrag ankommt und ob ein Interesse daran besteht. Wenn das Resultat positiv ist, können Sie etwas Wichtiges ins Gespräch bringen und die Situation weiter beobachten. Sind Reaktion, Respekt und Interesse der anderen nicht dazu angetan, Ihr Vertrauen zu wecken und Sie zufriedenzustellen, dann verzichten Sie darauf, das zu sagen, was Sie eigentlich sagen wollten. In solchen Fällen ist ein Glaubenszeugnis oft erst möglich, nachdem Sie in langsamer und oft mühseliger Arbeit das Klima verändert haben. Dies geschieht, indem Sie selber den anderen aufmerksam zuhören und dadurch eine geeignete Einstellung bei den Gesprächspartnern schaffen. Dies wurde in den ersten drei Kapiteln erörtert.

Eine weitere Vorbedingung für das Glaubenszeugnis ist die eigene Bereitschaft zur Kommunikation mit anderen. Im Noviziat wurde uns beigebracht, nicht von uns selber zu sprechen, weil das bedeute, daß man sich für wichtig halte und nicht demütig sei. Das hat etwas für sich. Aber es ist auch wahr, daß, wer nicht von sich selber spricht, unbekannt und isoliert bleibt; er wird ignoriert und kann keine guten Beziehungen entwickeln. Von sich selber zu sprechen bedeutet, die eigenen Empfindungen und Erlebnisse mitzuteilen. Dadurch wird man allerdings auch ungeschützt und verwundbar. Man setzt sich dem Risiko aus, mißverstanden zu werden oder daß die eigenen Äußerungen gegen einen verwendet werden. Trotzdem aber entsteht so eine Beziehung zu anderen.

Der Wunsch, von sich selber Zeugnis abzulegen, entspricht dem menschlichen Bedürfnis zu lieben und etwas, das einem bedeutungsvoll ist, mit anderen zu teilen. Wenn aber eine Beziehung nicht frei von irgendwelchen versteckten Interessen ist, dann ist es besser, sowenig wie möglich von sich preiszugeben. Solche Interessen können materieller Natur sein, es können Macht- und Herrschaftsinteressen oder irgendein anderer Beweggrund sein, daß eine Beziehung nicht um ihrer selbst willen, sondern als Mittel zum Zweck gesucht wird. Typische Beispiele hierfür bieten das Militär und die Politik.

In einer Armee geht es darum, einen Feind zu besiegen. Es muß eine Strategie ersonnen werden, mit deren Hilfe die Überwältigung des Gegners möglich wird. Dazu muß dieser über die Vorbereitungen und Absichten der eigenen Seite im unklaren gelassen werden. Ja, es ist sogar nötig, ihn durch Scheingefechte zu täuschen. Gleichzeitig muß durch Spione dafür gesorgt werden, möglichst viele Angaben über Stärke, Position und Absichten des Gegners zu bekommen. Auch muß sichergestellt werden, daß der Feind nichts erfährt, was die eigenen Pläne vereiteln oder die eigenen Schwächen offenlegen könnte. So ist es unter Umständen möglich, einen weitaus stärkeren Gegner mit Hilfe eines gut ausgedachten und in die Tat umgesetzten Planes zu besiegen. Dies mag als Beispiel dafür dienen, wie eine widrige äußere Situation dem Wunsch nach spontaner Offenlegung der eigenen Erlebnisse und Gedanken im Wege stehen kann.

Ähnlich verhält es sich in der Politik. Auch ein Politiker verfolgt bestimmte Absichten, wenn er dabei auch teilweise eine andere Haltung einnimmt. Er hat gute Manieren, ist freundlich und trägt ständig eine gute Miene zur Schau. Die Bilder in den Zeitungen und im Fernsehen beweisen es. Ein Politiker achtet auf sein Image. Er verhält sich diplomatisch. Um ein bestimmtes Ziel zu erreichen, kann er einiges von sich verlangen und ist bereit, beträchtliche Opfer zu bringen. Er hat seine eigene Strategie. Er führt den politischen Kampf mit Gesprächen, Diskussionen, mit Verträgen und Bündnissen. Politiker sind große Meister darin, nicht mehr von sich preiszugeben als das unumgänglich Notwendige. Ihre Gedanken zu erraten ist nicht einfach. Wenn ein Politiker in aller Öffentlichkeit erklärt, er sei ein gläubiger Christ, dann stellt sich sofort die Frage, was er mit dieser Aussage bezweckt. Sucht er die Unterstützung der kirchlichen Autoritäten oder möchte er sich volksnah geben? Auf welcher gerade aktuellen Welle schwimmt er mit? Die politische Situation macht es nötig, daß einer sich nur bis zu einem bestimmten Punkt äußert und daß die Gegner – oft sogar die Gefährten – nicht wissen, was er denkt.

Mit solchen politischen Situationen ist jeder von uns täglich konfrontiert: in der Familie, im Geschäftsleben, im Umgang mit Institutionen, Behörden, der Regierung. Sie nötigen uns bestimmte politische Verhaltensweisen ab, denn auch wir verfolgen unsere eigenen Ziele und möchten sie auch dann verwirklichen, wenn andere sich für entgegengesetzte Vorhaben einsetzen.

Wir können immer ein Lebenszeugnis geben, aber nicht immer ein Zeugnis im vollen Wortsinn. Ein Zeugnis kann nur in einer Atmosphäre gegeben werden, die frei von Interessen ist und wo keiner beim anderen etwas erreichen will. Wer in dieser Atmosphäre etwas von sich mitteilt, tut es, um seinen inneren Reichtum mitzuteilen. Er tut es, weil ihn die Liebe dazu bewegt, und nicht, weil er etwas dadurch erreichen möchte.

Je mehr das christliche Zeugnis organisiert ist, desto mehr mischen sich andere Interessen hinein, die eine politische Haltung fordern. Der Leiter einer Schule, ein Pfarrer, ein Lehrer oder Katechet befinden sich ständig in Situationen, die von irgendwelchen Interessen bestimmt sind, das heißt in politischen Situationen. Sie müssen einen großen Teil ihres inneren Glaubensbereichs für sich behalten. Die Schwierigkeit solch organisierten „Zeugnisses" besteht eben darin, trotz andersgearteter Interessen Momente zu finden, die, ohne einen Vorteil zu suchen, eine Gelegenheit bieten, im strengen Sinne des Wortes Zeugnis abzulegen. Natürlich ist es auch in einem institutionellen Rahmen möglich, ein Zeugnis seines Lebens zu geben, den Glauben zu verkünden, seine Pflicht zu erfüllen, aber ein Glaubenszeugnis im eigentlichen Sinne des Evangeliums ist nur dann möglich, wenn eine Beziehung von Interessen frei ist.

Dieselbe Situation ergibt sich, wenn wir die Funktion der verschiedenen Rollen betrachten. Wir alle üben im täglichen Leben gewisse Funktionen aus. Die Rolle des Kellners im Restaurant besteht darin, die Gäste zu bedienen. Der Mechaniker repariert Motoren. Der Arzt heilt Kranke. Der Rechtsanwalt, der Angestellte in einer Bank, der Zeitungsverkäufer, der Bundespräsident spielen alle ihre eigene Rolle. In unseren Rollen verkörpern wir die Interessen der Gemeinschaft oder einer Institution; persönliche Interessen stehen in zweiter Reihe. Das Wort Rolle stammt von der Bühne. Der Schauspieler muß mit seiner Rolle eng verbunden sein, um sich hineinzuleben und sie gut zu spielen. Genauso muß der Polizist die Ordnung wünschen, die er im Namen des Gesetzes durchsetzt. Aber der Schauspieler verliert sich nicht gleichzeitig in seiner Rolle, es bleibt zwischen ihr und seinem Ich immer ein bestimmter Abstand: er ist nicht die dargestellte Person. Der Bundespräsident repräsentiert die Interessen der Bundesrepublik, ist aber selber nicht die Bundesrepublik. Er hat seine privaten Bedürfnisse, darum kann er gelegentlich zwischen seiner offiziellen Funktion und seinen privaten Anliegen einen Konflikt erleben. In seiner Rolle sagt oder tut er manchmal etwas, das nicht seinem Inneren entstammt. Der Polizist muß sogar dann das Gesetz repräsentieren, wenn er es nicht für gerecht hält. Seine persönliche Empfindung kommt in diesem Fall nur in zweiter Linie in Betracht. Ein persönliches Zeugnis seiner Gefühle wäre unangebracht.

Zwischen der Rolle und der persönlichen Äußerung gibt es eine gewisse Dynamik. Wir haben alle das Bedürfnis, gelegentlich von unserer Rolle ganz frei zu sein. Der Arzt, der Mechaniker, der Bankangestellte gehen nach Hause, wo sie in der Gesellschaft ihrer Frau, ihrer Kinder und Freunde – frei von ihrer Rolle – sie selbst sein können. Dort können sie ihre Gefühle äußern, denn ihre Beziehung ist von Interessen frei, und sie können viel eher das bezeugen, was sie leben, empfinden oder denken, vorausgesetzt, daß auch dort nicht ein Interessenkonflikt innere Spannungen verursacht und die spontane Äußerung verhindert.

Von einer Rolle wird auch manchmal im negativen Sinn gesprochen, etwa wenn jemand in der Familie oder bei einer anderen, von Interessen freien Gelegenheit sich nicht frei äußert, sondern – aus Furcht, geringgeschätzt und unbeliebt zu werden – sich als besser hinstellt, als er in Wirklichkeit ist. Man sagt, daß er sich eine Maske aufsetzt oder seine Persönlichkeit hinter einer Fassade verbirgt. Aber für sich genommen, hat die Rolle eigentlich eine positive Bedeutung: Sie ist ein sozialer Dienst, eine Funktion, die Vertretung einer Gruppe oder Institution.

Die interessenfreie Beziehung, wo niemand eine Rolle spielt und jeder sein Ich aufrichtig erkennen lassen kann, ist die angemessene Gelegenheit, den Glauben mitzuteilen. Die Kirche hat ihre Institutionen, und das christliche Bekenntnis ist oft in eine Organisation einbezogen, die Rollen voraussetzt. Der Pfarrer hat seine Rolle. Der Bischof muß sein Bistum führen. Auch der Religionslehrer entgeht seiner Rolle nicht, er muß beim Religionsunterricht die Kirche vertreten. Katholische Schulen, religiöse Vereine haben ihre institutionalisierten Einrichtungen, die Rollen mit sich bringen. Wenn ein junger Pfarrer davon träumt, sich für den Glauben einzusetzen, denkt er daran, den Glauben an Jesus Christus zu vermitteln und von ihm persönlich Zeugnis abzulegen. Wenn er dann mit der Zeit Religionslehrer, Pfarrer oder Vorsitzender einer katholischen Vereinigung wird, findet er sich in eine Rolle mit festgesetzten Zielen, Regeln und Gesetzen einbezogen und erkennt, daß die Institution seiner bedarf. Seine Rolle stellt nicht nur die eigene Überzeugung in den Hintergrund, sondern; wenn er sich in einem günstigen Moment persönlich äußert, fragt sich die Umgebung, was er eigentlich mit dem Zeugnis beabsichtigt. Für sie hat er eine Rolle und ist nicht eine unabhängige Person. Was er predigt, kann er selbstverständlich mit seinem Leben bezeugen. Aber predigt er die Glaubenslehre seiner Institution oder gibt er ein Lebenszeugnis? Von Christus Zeugnis abzulegen bedeutet im vollen Sinne des Wortes: persönlich zu offenbaren, was wir leben, was wir empfinden und was wir – oft trotz sehr menschlicher Umstände – glauben. Die Aufgabe besteht fortwährend darin, unserer Rolle zu genügen, aber dabei auch die Art und Weise zu finden, durch die Mitteilung unserer selbst, von Jesus Christus ein persönliches Zeugnis abzulegen. Im Unterricht besteht unsere Rolle darin, den Glauben der Kirche zu bezeugen. Aber es gibt einen eigenartigen Unterschied zwischen der Kundgabe dessen, was die Kirche glaubt, und dessen, was wir selber leben.

Das Zeugnis beim Unterricht

Die Lehre der Kirche ist das Resultat der Reflexion der Kirche über die Erfahrungen und Tatsachen ihres Ursprunges. Die Apostel haben ihr überwältigendes Erlebnis der Auferstehung des Herrn gepredigt. In dessen Licht haben sie ihr eigenes Dasein gedeutet. Ihr Glaube an Jesus Christus, an den Vater, der ihn gesandt hat und an den Heiligen Geist, der sie zu Pfingsten gestärkt hat, ließ ihre Botschaft über die Dreifaltigkeit entstehen. Das war der erste geordnete Kern zur Formulierung des Glaubens, das erste apostolische Bekenntnis, welches sich durch verschiedene Etappen zu unserem heutigen Glaubensbekenntnis entwickelte. Unter dem Einfluß der im Mittelalter wiederbelebten Philosophie des Aristoteles hat dieses Bekenntnis die Form einer rational systematisierten Lehre angenommen. Ich stelle die Frage, ob es nicht jedem Christen – oder wenigstens den Unschlüssigen, die dessen bedürfen – gestattet sein sollte, einen solchen Vorgang mitzumachen, der von den Erlebnissen ausgehend sich entwickelt, ordnet, systematisiert, um zu einem rational gestalteten Glauben zu gelangen.

Einige Beweggründe haben mich dazu angeregt, diesen Weg zu versuchen, und das möchte ich hier erzählen. Einerseits war es der – in den ersten Kapiteln dieses Buches erläuterte – Respekt und das Vertrauen den Menschen gegenüber, die mich dazu animierten. Anderseits hatte ich das Bedürfnis, mit einzelnen Personen oder Gruppen in persönliche Beziehung zu treten, um den Glauben mitzuteilen; denn ich war überzeugt, daß wir ohne eine solche Verbindung über Lehre, Ideologie und von Gott zwar sprechen könnten, daß aber kein Klima sich bilden konnte, in dem sich der Glaube brüderlich mit-teilen ließ.

Die Studenten der Medizin, Psychologie, Soziologie und der human-wissenschaftlichen Fächer an der katholischen Universität von Argentinien waren verpflichtet, auch theologische Vorlesungen zu besuchen. Jeder Student mußte im Laufe seines Studiums drei Kurse in Theologie absolvieren. Größtenteils waren die Studenten katholisch, es gab aber unter ihnen auch Protestanten, Juden und Atheisten. Einige waren ehemalige Schülerinnen von Klosterschulen und unterrichteten Religion in ihrer Pfarrei oder in einer Vorstadt, aber es waren auch einstige Schüler katholischer

Schulen dabei, die der Kirche mit Ressentiments oder Haß gegenüberstanden. In diesen Kursen nahmen aber auch sehr frohe, ausgeglichene und positiv gesinnte junge Leute teil, die als ausgezeichnete Studenten und gute Kameraden galten, die aber ernstlich und entschieden behaupteten, die Religion interessiere sie nicht. Oft beteiligten sich auch eifrige Cursillisten mit strenger religiöser Auffassung an den Kursen. Während der ersten Jahre als Professor hielt ich Vorlesungen im klassischen Stil, und ich entdeckte dabei, daß einige Studenten gegen Gott, den Glauben, die Kirche, die Priester und die Ordensleute sehr feindselig eingestellt waren. Darunter waren auch einige, die ihre Beziehung zu Gott von jeder sichtbaren religiösen Struktur der Kirche gelöst hatten; obwohl sie regelmäßig beteten, lehnten sie jeden Kontakt mit der katholischen Kirche oder einer anderen religiösen Gruppierung ab. Andere kamen mit großem Verlangen, ihren Glauben besser kennenzulernen und mehr Klarheit darin zu gewinnen. Die meisten kannten nur einige Einzelheiten ihrer Religion, aber diese verursachten Verwirrung in ihrem Inneren. Meiner Ansicht nach war es unumgänglich, *sie* sprechen zu lassen und *sie* anzuhören.

Ich legte den Verantwortlichen der Universität einen Plan vor, die Studenten in Gruppen von zehn aufzuteilen, so daß in jeder Gruppe ich oder ein Assistent zugegen sein konnte. Zuerst wurde meine Bitte zurückgewiesen. Als aber die Verwaltung meine Entschlossenheit erkannte, weil ich jeden Kurs doppelt führte, um die Studenten wenigstens in zwei Gruppen betreuen zu können, wurden mir Assistenten und Räume zur Verfügung gestellt. Ich hielt immer zwei Vorlesungsstunden hintereinander, und so hatten wir je zwei Stunden für eine Versammlung. Obwohl einige Professoren, die meinem Beispiel folgen wollten, auf die Aufteilung in Gruppen keinen Wert legten, fand ich sie wesentlich. Meiner Erfahrung nach ist eine solche Gruppenarbeit mit mehr als zehn Personen sehr schwer durchzuführen.

Am Anfang legte ich den Ablauf des Kurses dar. Ich erklärte, daß ich mich den Studenten zur Verfügung stelle, damit sie ihre religiösen Probleme – gleich welcher Art – selber vorbringen und verarbeiten könnten. Dann machte ich ihnen meine Methode klar und in welcher Form der Kurs angerechnet werden könne. Im allgemeinen wurden die Vorlesungen an dieser Universität sehr gut besucht und es wurde nicht kontrolliert. Ich fügte hinzu, daß es sich um einen „praktischen" Kurs handle und darum statt einer Prüfung die Anwesenheit zähle. Neunzigprozentige Anwesenheit war notwendig, damit der Kurs angerechnet wurde. Da in jeder Gruppe nur zehn Teilnehmer waren, kannte ich schon in der zweiten Sitzung die Namen und konnte die Anwesenheit unbemerkt kontrollieren. Den Studenten, die über Religion nicht sprechen wollten, gab ich die Möglichkeit, statt die Kurse zu besuchen, über ein von mir vorgelegtes Kursprogramm eine Prüfung zu machen. Ich bot ihnen sogar an, über ein religiöses Thema eine Arbeit zu schreiben.

Kaum fünf Prozent der Studenten wählte diese Alternative, beinahe alle wollten an den Gruppen teilnehmen. Eine Bedingung, den Kurs zu absolvieren, war außerdem, ein bestimmtes Buch zu lesen, wovon ich mich vor dem Schluß des Kurses vergewisserte. Dieses Buch hatte ich für meine Studenten geschrieben, damit sie mit seiner Hilfe ihre religiösen Kenntnisse ordnen, klären und die Bedeutung des Glaubens erkennen konnten[*]. Das Buch erwies sich als sehr nützlich, weil es größtenteils die im Kurs besprochenen Themen enthielt.

Manche beanstandeten, daß der Kurs kein einheitliches Programm habe, weil sich die Studenten das Thema für jede Stunde selber wählten. Dem hielt ich entgegen, daß die Arbeit in der Gruppe eine lebenswichtige Einheit darstelle; um eine

---

[*] El encuentro con Dios. Ediciones Paulinas. Buenos Aires, cuarta edicion, 1973.

lebendige Entwicklung zu sichern, müßten wir zulassen, daß sich die Probleme spontan ergäben. Es könne vorkommen – sagte ich –, daß ein dogmatisch unbedeutendes Problem das Verstehen eines ganzen Sachbereiches blockiere. Das sei der Grund, daß wir, statt einen theoretischen und abstrakten Weg zu betreten – der zwar mir und den Studenten eine gewisse Sicherheit hätte bieten können –, einen Weg gewählt hätten, der die natürlichen Bedürfnisse befriedige.

Bei der ersten Zusammenkunft erklärte ich auch, daß wir in frei gewählten Gruppen von je zehn Personen arbeiten würden. Die Sitzung endete mit der Zusammenstellung der Gruppen.

So konnte ich bei jeder Zusammenkunft mit einer kleinen Gruppe arbeiten. Wir stellten uns vor, erörterten unsere Erwartungen und wählten das erste Thema. Ich legte großen Wert darauf, daß die Studenten ihre religiösen Schwierigkeiten äußerten. Jeder schlug einige Themen vor, wir notierten sie und wählten dann eines in gegenseitigem Einvernehmen aus oder, falls das nicht gelang, durch Abstimmung. Bei der Wahl des Themas war die Beteiligung aller sehr wichtig, sonst hätten sie sich nicht als aktive Mitglieder der Gruppe gefühlt.

Nachdem das Thema gewählt war, blieb mir die wichtige Aufgabe, das Thema näher zu formulieren. Wenn die Wahl der Glaube an Gott war, übersetzte ich dies in konkrete Fragen: Wie glaubt oder glaubt nicht ein jeder von uns an Gott? Welche Begebenheiten führten ihn zur jetzigen Überzeugung? Dadurch wurde das Thema von einer abstrakten Ebene auf die eines persönlichen Zeugnisses übertragen. Gleichzeitig schloß ich jede Diskussion aus. Wenn der Vorschlag die Beichte war, gestaltete ich ihn so: Welche Erfahrungen hat ein jeder von uns bezüglich der Beichte? Wie war unser erstes Erlebnis; was hat sich in uns entwickelt und was ist derzeit unser diesbezügliches Gefühl? Sie konnten sich ein beliebiges Thema wählen: religiös oder nicht. Während sechs Jahren wurden in allen Kursen zu mehr als achtzig Prozent ausdrücklich religiöse Themen gewählt.

Dieser Spielraum der Freiheit steigerte das Bewußtsein der Studenten, daß sie ihre Denkweise selbst bestimmten.

Nachher bat ich die Gruppenmitglieder, ihre eigenen Erfahrungen zu erzählen. Wir ließen jeden zu Wort kommen. Ich spiegelte ihre Aussagen und stellte manchmal Fragen, aber nur um die Selbstäußerung zu erleichtern: Könntest du das ausführlicher erzählen? Könntest du erklären, was du gesagt hast? Ich war sehr vorsichtig, in ihre Zeugnisse kein fremdes Problem hineinzumischen. Anfangs fiel es den Studenten selbstverständlich schwer, sich zu äußern. Mein Vorschlag, die äußeren Begebenheiten, die ihren Standpunkt geändert hatten, in chronologischer Ordnung zu erzählen, erwies sich als sehr zweckmäßig. Sie konnten ihren Glauben nicht systematisch definieren, aber sie erinnerten sich an Eindrücke, kleine Vorfälle und Erlebnisse. Nachdem sie solche Episoden erzählt hatten, war es nicht mehr schwer, ihre Schlußfolgerungen daraus zu formulieren.

Manchmal mußte ich erfinderisch sein, damit ein jeder von seinen Erfahrungen erzählte. Als wir einmal von der Beichte sprachen, sagte ein stark marxistisch inspirierter Atheist, daß er darüber keine Erfahrungen habe und eigentlich gar nicht wisse, worum es sich handle. Da fragte ich ihn, ob er von etwas Ähnlichem erzählen könne. Er erwähnte die Selbstkritik der Marxisten und erzählte einige diesbezügliche Erfahrungen. Am Ende war er ganz erstaunt, wie er mit so viel Interesse an einer Versammlung teilnehmen konnte, deren Problematik ihm so fremd schien wie die Beichte der Katholiken.

Meistens fingen sie bald an zu diskutieren. Ein Atheist beanstandete die Erfahrung eines Gläubigen und umgekehrt. Sie setzten sich über die Erfahrung auseinander. In solchen Fällen ließ ich es eine Zeitlang geduldig zu und blieb still, ohne zu unterbrechen oder eine Meinung zu äußern. Ich beanstandete nichts. Nach einer Weile bat ich sie, die Mitteilung ihrer Erfahrungen fortzusetzen. Wenn sie mich nach meiner Ansicht fragten, antwortete ich ihnen, daß ich zuerst die Erfahrungen jedes einzelnen anhören möchte. Meistens dauerte es eineinhalb Stunden, bis alle zu Wort gekommen waren.

In der letzten Viertelstunde schlug ich vor, eine Auswertung zu machen. Ich erklärte ihnen, daß die Auswertung eigentlich die Tätigkeit der Gruppe überprüft. Wenn etwas nicht richtig zugegangen sei oder den Teilnehmern mißfallen habe, könnten sie es sagen, und wir würden es bei der nächsten Zusammenkunft beachten. Ohne Auswertung staut sich die ganze Unzufriedenheit bis zum Schluß des Kurses auf, wo dann zur Abhilfe keine Gelegenheit mehr besteht. Ich ermunterte sie, über die Dynamik der Gruppe ihre aufrichtige Meinung zu äußern, ohne das Thema dabei zu berücksichtigen.

Die Auswertung war der Schlüssel zum Gelingen. Zuerst gab ich den Schüchternen das Wort, die sich trotz guter Absicht noch nicht hatten entschließen können, sich zu äußern. Wer eine Beschwerde hatte, konnte sie vorbringen. Ich sprach als letzter. Ich interpretierte das Vorgehen Schritt für Schritt und wies jeden darauf hin, der in seinen Beiträgen die Erfahrung des anderen nicht respektiert hatte. Diese Erklärungen brachten sie meistens zur Einsicht, daß sie zu einem Dialog noch nicht fähig waren und den anderen gegenüber zuwenig Sensibilität zeigten. Sie erkannten, daß sie eigentlich nur Kritik üben wollten oder, während sie scheinbar zuhörten, schon über ihre Entgegnung nachdachten, also rücksichtslos waren. Selbstverständlich wies ich auch darauf hin, wenn sie faszinierenden Zeugnissen mit Interesse zugehört hatten. Ich mußte auch zur Sprache bringen, wenn jemand seine Erfahrung so kategorisch hingestellt hatte, daß sie jede andere Meinung ausschloß. Die erste Auswertung hatte meistens den Erfolg, daß sich die Studenten vornahmen, sich gegenseitig ernstlich anzuhören und die Erfahrung der anderen zu respektieren. Innerhalb von drei bis vier Sitzungen bildete sich eine gegenseitige Achtung heraus. Diskussionen gab es nicht mehr. Das

Interesse füreinander steigerte sich. Sie begannen, einander als Personen anzuerkennen, und das Vertrauen wuchs von Tag zu Tag. Das lockerte auch den Boden für persönliche Zeugnisse.

Bei den ersten Versammlungen kam es oft vor, daß ich zuerst versteckt und dann immer offener angegriffen wurde. Eigentlich war der Angriff gegen die Kirche oder gegen einen ihrer Bereiche gerichtet, aber im Augenblick verkörperte ich für die Kritiker die Kirche. Sie führten Tatsachen ins Feld, wo Vertreter der Kirche in gewisser Weise schuldig waren. Ich hörte sie an, und sie warteten auf meine Reaktion. Eigentlich wollten sie nicht mich herausfordern. Sie wollten mit der Kirche einen Dialog führen, aber ihre Vertreter hatten diese so absolut vollkommen dargestellt, daß jede Kritik und sogar jeder Dialog undenkbar geworden war. Sie vermuteten in ihrer Mehrheit, daß ich ihnen den offiziellen Standpunkt der Kirche an den Kopf werfen würde. Nach ihrem Kirchenbild war ich der höchste Richter. Diese Vorstellung hätte die freie Äußerung und die Aufarbeitung ihrer religiösen Schwierigkeiten verhindert. Ich hörte still zu, und wenn sie mich fragten, nachdem die Kritik beendet war, antwortete ich nur, daß ich – unserem Abkommen gemäß – erst die Erfahrungen aller anhören wolle. Zum Schluß, während der Auswertung, sagte ich ganz aufrichtig meine Meinung, statt den Angriff abzuwehren. Ich gab zu, daß ich selber ähnliche Erlebnisse gehabt hatte, und erzählte einige. Dann gestand ich ein, daß ich mich wegen solcher Begebenheiten schäme, aber trotz allem an die Kirche glaube und für eine Beseitigung der Fehler kämpfe. Das war ein positives Zeugnis, es bestimmte meine Stellung in der Gruppe und war in der Auswertung ein wichtiger Punkt. Ich bestätigte, daß ich mich dem Dienst an ihnen gestellt hätte, damit sie alle zusammen ihre religiösen Probleme bearbeiten könnten, und daß ich weder eine autoritäre noch eine doktrinäre Stellungnahme vertreten würde. Dadurch gab ich ihnen Gelegenheit, sich mit einem Vertreter der Kirche auf positive Weise in Verbindung zu setzen. Diese Tatsache brachte auch meine Rolle in der Gruppe zur Sprache. Ich sagte ihnen, daß meine Rolle ganz von ihnen abhänge. Ich könnte mich in die Gruppe als einer der Teilnehmer einfügen, wenn sich die Gruppe ihrer Aufgabe bewußt wird und von außen immer weniger Unterstützung braucht, weil sie selber die Leitung übernimmt. Es kommt daher auf die Gruppe an, was sie von mir erwartet. Dadurch leitete ich die Spannungen größtenteils ab. Viele projizieren auf die Vertreter der Kiche eine starre moralische und doktrinäre Autorität. Sie halten diese für unfähig, ihre Rolle aufzugeben und sich als Personen zu zeigen. Wer sich aber mit ihnen auf dieselbe Stufe stellt und bereit ist, seinen Glauben mitzuteilen, gehört nicht mehr in diese Kategorie. Mein Verhalten weckte ihr Interesse. Die persönlichen Angriffe sind so wichtig für den Gruppenprozeß, daß sie im fünften Kapitel wieder aufgegriffen werden.

Von diesem Moment an fragten die Studenten auch nach meinen Erlebnissen. Ich wartete immer auf ein Zeichen ihres Interesses. Wenn möglich, ließ ich sie zuerst wenigstens eine volle Stunde lang ihre Erfahrungen berichten. Nachdem das Klima sich schon erwärmt hatte und sie mich darum baten, beteiligte auch ich mich. Jedesmal erwähnte ich ganz spontan die Ereignisse, die meiner Meinung nach die von ihnen gesuchte oder benötigte Lehre als meine persönliche Erfahrung enthielten. Natürlich hatte ich für jedes Thema genügend Erfahrungen, die sich mitteilen ließen. Ich konnte nicht alles erzählen. So redete ich nie länger als eine Viertelstunde. Ich bemühte mich, Entscheidendes auszuwählen, und dabei drängten sich mir meist Dinge auf, die die Problematik der Teilnehmer besser erhellen konnten. Alles, was ich kundtat, war weder kategorisch noch absolut behauptet, sondern das Resultat meiner Erfahrung, woraus sie mühelos grundsätzliche Folgerungen ziehen konnten. Zumindest gab es ihnen Stoff zum Nachdenken. Als einige Teilnehmer behaupteten, die Beichte habe für sie keinen Sinn, erzählte ich ihnen, welche Erfahrungen ich damit seit meiner

Kindheit gemacht hatte, wie sich die Bedeutung der Beichte für mich während der Studienjahre verstärkt und was ich als Beichtvater oder im Unterricht entdeckt hatte. Eventuelle Schwierigkeiten verheimlichte ich allerdings nicht, auch nicht meine Kritik an der derzeitigen Form. Ich drückte aber meine Hoffnung aus, daß sich hier eine günstigere Entwicklung anbahnen könnte. Schließlich sagte ich, daß die Beichte für mich Versöhnung und Begegnung mit Jesus bedeute; daß mir in Zeiten, in denen mein Glaube stark sei, ihr Sinn klarer vor Augen stünde, während sie mir in Zeiten der Glaubensschwäche eher eine Last wäre und ich stärker dasjenige sähe, was daran zu Kritik Anlaß gebe.

Nachdem ich auf diese Weise lange Jahre an der Universität unterrichtet hatte, gab ich einige Kurse für Mitarbeiter in der religiösen Erwachsenenbildung, um sie mit dieser Art der Reflexion bekanntzumachen. Öfter gelang es mir, ihnen zu zeigen, daß sich die gesamte Theologie durch das Medium der Erfahrung vermitteln ließe. Damit will ich die Anwendung einer umfassenderen Methode nicht ausschließen und mein Vorgehen nicht als das einzig richtige hinstellen. Aber meine Erfahrung hat mich überzeugt, daß es unter Umständen sehr zweckmäßig ist, in Bereichen wie der Universität, wo die meisten Studenten ihre religiösen Erfahrungen noch nicht verarbeitet haben, zuerst einmal eine Gelegenheit zu bieten, innere Erlebnisse persönlich und in Gruppen zu reflektieren. Ich kann versichern, daß meine Worte immer auf einen gut vorbereiteten Boden fielen, wenn ich den Teilnehmern zuerst eine Stunde oder länger zugehört hatte. Zumindest hatte ich aufmerksame Zuhörer, und was ich an eigenen Erfahrungen mitteilte, blieb ihnen dauernd eingeprägt.

Ich habe mehrere Assistenten in diese Art der Arbeit eingeführt. Nicht alle haben die Methode genau befolgt. Ich bat sie, es zu versuchen und mir nach jeder Zusammenkunft über den Verlauf zu berichten. Das ließ mich klar erkennen, was es von einem Menschen verlangt, eine Gruppe auf diese

Weise zu führen. Zuallererst eine Sensibilität für die Gruppe. Anfangs konnten sich meine Assistenten selbst kaum zurückhalten, wodurch die Studenten nicht zu Wort kamen. Ich bat sie, während der ersten Versammlungen von je einer Stunde höchstens fünf Minuten lang zu sprechen. Das genügt, um die Versammlung in Gang zu halten. Auch verlangt es eine strenge Selbstdisziplin, ist aber unbedingt notwendig. Ich bat sie auch, solange die Studenten sich nicht nach ihren Erfahrungen erkundigten, nur zum Verlauf der Versammlung sich zu äußern, und fügte hinzu, sie sollten sich nicht autoritativ zu einer Sache äußern, sondern – wenn es sich anbot – von ihren eigenen Erfahrungen erzählen und die dadurch gewonnene Einsicht mitteilen. Menschen, die im Zuhören und Begleiten – wie es in den ersten Kapiteln dargestellt ist – keine Übung hatten, konnten sich diese Methode nicht aneignen. Es handelt sich dabei nicht um eine Technik, sondern sie beruht auf dem Interesse für den anderen als Person. Ich fand es auch bemerkenswert, daß sich die Studenten in dem, was sie an Erfahrungen mitteilten, den Assistenten anpaßten. In manchen Gruppen berührten Äußerungen bis zu 80% religiöse Probleme; in anderen – wo der Assistent an religiösen Fragen selbst nicht sehr interessiert war – kamen solche Probleme kaum zur Sprache. Es hing sehr viel davon ab, ob der Assistent seine Erfahrungen mitteilen konnte oder nicht, das heißt, ob er gewohnt war, von seinem Leben Zeugnis zu geben.

Am Anfang oder nach einigen Zusammenkünften stellte sich meistens die Frage nach den Konsequenzen aus dem Kurs. Unsere Versammlungen blieben scheinbar ohne Abschluß. Wir wählten das Thema in fünf Minuten, eventuell dauerte es etwas länger, wenn Schwierigkeiten auftauchten. Die Mitteilung der Erfahrungen dauerte ungefähr eineinhalb Stunden. Wenn noch Zeit übrig blieb, teilte ich meist als letzter meine Erfahrungen in etwa einer Viertelstunde mit. Manchmal folgten noch Fragen dazu oder zur Lehre der Kirche. Die Auswertung dauerte eine Viertelstunde oder länger und war immer sehr ergiebig. Wenn die Gruppe die letzte des Tages war, dauerte die Zusammenkunft meist über die vorgeschriebene Zeit hinaus. Oft baten die Studenten, das Thema beim nächsten Treffen wiederaufzunehmen. Aber bei der nächsten Zusammenkunft schlug ich gewöhnlich vor, das frühere Thema aufzuschieben. Meiner Erfahrung nach zielte ihr Wunsch nämlich auf eine intellektuelle Klärung, aber der interessante Teil unserer Arbeit war nicht der einer intellektuellen Verständigung. So fehlten eigentlich greifbare Ergebnisse. Ich bat die Teilnehmer, geduldig zu sein, und versprach ihnen einen wahrnehmbaren Erfolg.

Was war der Erfolg? Jeder war von den Erfahrungen des anderen beeindruckt. Die Studenten hatten schon seit Jahren nebeneinander gelebt und sich nur oberflächlich gekannt. Jeder hatte seine eigene Welt gehabt, und ihre Erfahrungen waren sehr verschieden. Da sich während der Treffen ein sehr vertrautes Klima gebildet hatte, hatten sie manchmal tief emotionelle, sogar schmerzliche Erfahrungen miteinander geteilt; sie erzählten bemerkenswerte Beispiele von persönlichen Begegnungen. Sie sprachen von ihrer Arbeit, von ihrer Suche nach Identität, und einige erwähnten sogar den inneren Frieden, den sie erlebten. Eine neue Welt öffnete sich vielen und veranlaßte sie nachzudenken. Im Anschluß an Erfahrungen eines Atheisten, der jede Religion ablehnte, tauchten sichtbare Anzeichen einer gesunden Religiosität anderer auf, die einen tiefen Eindruck machten. Die einen entdeckten, daß sich hinter dem Atheismus auch viele menschliche Werte verbergen können, und die Atheisten erkannten ihrerseits, daß einige ihrer schon seit Jahren geschätzten Gefährten tief religiös waren. Einige hielten infolge ihrer Einstellung das jenseitige Leben für eine Absurdität, andere aber hatten im Glauben an ein Jenseits ihre eigenen Erfahrungen und sprachen mit solch tiefer Überzeugung und so aufrichtig darüber, daß alle nachdenklich wurden. Das ist der richtige Ausdruck: sie begannen nachdenklich zu werden. Die Mitteilungen beschäftigten sie auch fortan. Sie erwähnten öfters, daß sie nach der Zusammenkunft in einem Café die Besprechungen fortgesetzt hatten. Noch öfter gestanden sie das nächste Mal ein, das vorherige Thema habe sie während der ganzen Woche beschäftigt. Diese Zeichen machten mich sicher, daß sie meinen Erwartungen entsprechend nachdachten. Gegen Schluß des Kurses oder während der Schlußauswertung erhielt ich oft die Bestätigung, daß sich in ihnen vieles geklärt hatte. Diese Klärung bezog sich nicht auf intellektuelle Kenntnisse, wie sie es von der Universität gewohnt waren; sie erhellte sie innerlich und tiefgehend. Sie konnten ihre Religion viel bewußter leben und sahen viele Probleme ganz klar. Die Anerkennung dieser Tatsachen war eigentlich der Erfolg des Kurses. Das war nicht ein intellektuelles Resultat, das durch einen Test oder eine Prüfung gemessen werden kann. Aber da ich mit ihnen zusammen den Weg gegangen bin, kann ich bezeugen, daß es ein wirkliches Wachsen war.

Der Kurs hatte außerdem noch andere Ergebnisse. Die Studenten hatten das Wesen einer religiösen Einstellung, des Glaubens und der Lebendigkeit der Sakramente konkret begriffen. Oft beendeten wir den Kurs mit einer Messe; für viele bedeutete sie ein neues Erlebnis. Infolge des gegenseitigen Anhörens hatten die Studenten religiöse Erfahrungen gewonnen. Sie hatten begonnen, sich von der Kirche ein viel menschlicheres und realistischeres Bild zu machen. Viele hatten zum erstenmal im Leben mit einem Priester gesprochen. Sie erkannten durch ihre Erfahrungen in der Gruppe, daß die Freundschaft mit dem Glauben und der Glaube mit der Freundschaft verbunden ist. Sie hatten gelernt, sich gegenseitig anzuhören und sich füreinander zu interessieren. Einige Studenten der Psychologie sagten mir, daß sie sich eine größere Sensibilität für Gruppen angeeignet hätten als in speziellen gruppendynamischen Veranstaltungen. Andere behaupteten, daß der Kurs sie viel näher zu Jesus Christus geführt habe.

Ich bin überzeugt, daß der Erfolg darauf zurückzuführen

ist, daß wir ein neuartiges Feld der gegenseitigen Beziehung geschaffen haben, wobei die ganze Gruppe die Selbstäußerung der einzelnen anhört. Dies zeigt sich auch im gegenseitigen Respekt, wenn niemand den anderen unterbricht, diskutiert oder beurteilt. Alle hören den Sprechenden an, begleiten ihn und nehmen an seiner Erfahrung teil. Die Eigenheit des Kurses ist auch, daß sich der Professor oder der Assistent auf eine ganz besondere Weise in die Gruppe einfügt, indem er die Aussagen eines jeden immer widerspiegelt, um sich in ihre Mitteilungen einzufühlen. Der Fluß des Gruppengespräches ist ziemlich langsam, weil sich die Kommunikation statt auf einen intellektuellen Gedankenaustausch auf Erfahrungen gründet, was naturgemäß mehr Zeit braucht. Ich bin überzeugt, daß ich den Erfolg dadurch erreicht habe, daß es mir gelungen ist, die Kommunikation von einer intellektuellen auf eine realistische und vollständig auf Erfahrungen gegründete Ebene überzuführen. Das Nachdenken und der lehrhafte Aspekt haben nicht gefehlt; sie wurden nicht entwertet, sondern nährten sich ununterbrochen von den Erfahrungen und blieben von ihnen immer abhängig. Die Kraft der Zeugnisse konnte voll zur Wirkung kommen, weil über das Leben nachgedacht wurde und nicht über Theorien und Meinungen. Ich glaube, daß das die richtige Weise ist, den Glauben mitzuteilen.

Noch ein Wort über die Kraft des Zeugnisses. In bestimmten lebenswichtigen Fragen bedeutete mein Zeugnis nicht viel, dagegen waren die Zeugnisse der Studenten sehr eindrucksvoll. Wenn ich vom Zölibat der Priester sprach – was immer ein Thema war –, hörten mich die Studenten mit Interesse an, wenn aber von den vorehelichen Beziehungen die Rede war, machten ihre Beispiele einen viel größeren Eindruck. Mein Zeugnis war nur insofern wertvoll, als es auf eine echte Erfahrung gegründet war.

Diese Unterrichtsweise ist nicht vollkommen. Sie versucht, in einer besonderen Umgebung zum Nachdenken zu bewegen, und ist ganz besonders empfehlenswert, wenn wir mit jungen Leuten arbeiten, die mit der Religion oft konfliktreiche Erfahrungen gemacht haben oder die im Zusammenhang mit ihrem intellektuellen Wachstum im Milieu einer Universität auch über ihren Glauben nachdenken sollten. Bevor die Studenten diesen Kurs mitgemacht hatten, hatten sie überhaupt kein Verlangen, Religion zu studieren. Ein weiteres Studium hat sich mit den grundlegenden theologischen Quellen befassen müssen, der Bibel, den kirchlichen Dokumenten und den während der zwanzig Jahrhunderte der Kirchengeschichte geschriebenen Werken der Theologen. Aber es stellt sich die Frage, ob selbst die Theologiestudenten während ihres Studiums nicht mit ihren Erfahrungen und mit der existentiellen Wirklichkeit in viel ständigerem Kontakt sein sollten, als das an den Hochschulen und Universitäten der Fall ist.

Meditation und Zeugnis

Ich möchte dem Leser noch ein Beispiel anführen, um zu zeigen, daß das Ablegen von Zeugnissen in jeder Art des apostolischen Tuns möglich ist. Seitdem ich Priester bin, habe ich oft geistliche Exerzitien geleitet. Diese können sehr verschiedenartig sein: von einfachen Begegnungen, wo hauptsächlich Themen menschlicher und geistlicher Lebensgestaltung besprochen werden, bis zu den in Meditation und Gebet vertieften Übungen. In solchen Begegnungen ist es nicht schwer, Zeugnisse herauszulocken, denn – wie wir schon erkannt haben – sie kommen von selber, wenn das Gespräch von einem intellektuellen auf ein konkretes Niveau verlegt und das Zuhören gelehrt wird.

Geistliche Übungen, die Meditation und Gebet zum Ziel haben, bieten scheinbar keine Gelegenheit, Zeugnis abzulegen. Der Wunsch der Teilnehmer ist meistens Stille und Einsamkeit, um mit dem Herrn allein zu sein. Die Stille ist zweifellos wesentlich. Trotzdem war es lange Zeit üblich, daß der Exerzitienbegleiter Vorträge – manchmal sogar zu viele – hielt. Im allgemeinen hatte er festgelegte Themen und fügte seine Überlegungen hinzu, um darüber Betrachtungen anstellen zu lassen. Er hielt seine Vorträge von einem Pult aus und die Teilnehmer hörten zu. Ein guter Redner konnte mit ihnen Kontakt aufnehmen, aber keine persönliche Beziehung eingehen. Jeder Teilnehmer konnte zwar um eine Besprechung bitten, aber nicht alle nützten diese Gelegenheit. Oft warteten sie mit ihren Schwierigkeiten bis zum letzten Tag, um herauszufinden, ob der Geistliche vertrauenswürdig sei. Nach vielen Versuchen habe ich erreicht, auch diese auf Gebet eingestellten Exerzitien unter Mitwirkung der Teilnehmer zu leiten. Davon möchte ich hier berichten.

Exerzitien fangen allgemein abends an und sind meistens „geschlossen", das heißt, die Teilnehmer wohnen für die Dauer des Kurses in einem Exerzitienhaus. Im allgemeinen nehmen fünfzehn bis vierzig Personen teil; ich halte die übergroßen Gruppen jedoch nicht für wünschenswert.

Am ersten Abend kamen wir zusammen, und ich erklärte den Teilnehmern, daß ich ihnen zur Verfügung stehe und auf ihre Wünsche eingehen werde, aber sie müßten die Initiative ergreifen, da sie selber für ihre geistlichen Übungen verantwortlich seien. Sie selber würden ihre Absichten am besten kennen. Wenn jemand gekommen sei, um sich auszuruhen, stehe ihm dies frei. Wenn jemand lesen oder etwas besprechen wolle, würde ich dafür sorgen, daß er dazu Gelegenheit habe. Ich möchte, daß die Erwartungen aller verwirklicht würden. Deshalb – sagte ich – möchte ich den Grund ihres Kommens und ihre Erwartungen kennenlernen. Das war wesentlich für mich. Nach dem, was ich in diesem Buch bisher dargelegt habe, war ich auf die Mitteilungen der Teilnehmer eingestellt. Ich wollte sie anhören, um einen ersten persönlichen Kontakt mit ihnen aufzunehmen, um jedem einzelnen beistehen zu können. Ich versuchte aufrichtig, mich ihnen zur Verfügung zu stellen. Das Haus sei groß genug – fuhr ich fort –, um verschiedenen Wünschen entgegenzukommen. Für jeden könne eine geeignete Lösung gefunden werden, ohne die anderen zu belästigen. Meistens bat ich um eine schriftliche Antwort, manchmal hörte ich jeden in Gegenwart der ganzen Gruppe an, manchmal stellte ich die beiden Möglichkeiten zur Wahl. Die Äußerung in der Gruppe schafft eine bessere Kommunikation, schriftlich können manche sich in größerer Freiheit ausdrücken.

Wenn die Mehrzahl der Antwortenden darauf hinwies, daß sie beten, Gott in der Stille suchen, ihr Leben überprüfen oder sich auf einen neuen Abschnitt ihres Lebens vorbereiten wollten, war es ein Zeichen, daß sie wirklich geistliche Exerzitien machen wollten. Ich hielt es für wichtig, daß jeder sein Vorhaben selber äußerte. Damit alles nach ihren Wünschen ging, mußte ich für eine passende Einteilung der Zeit und des Raumes sorgen.

Alle Antworten nahm ich sehr ernst. Durch die Äußerungen in der Gruppe und die schriftlichen Mitteilungen gelang es mir, mit jedem Teilnehmer einen persönlichen Kontakt aufzunehmen. Ihre Namen wurden mir bekannt, und ich hatte einen Grund, mit ihnen zu sprechen oder eine Unterhaltung zu suchen, falls der Wunsch nach Lösung eines Problems angedeutet wurde.

Wir mußten uns über einige Fragen einig werden: die Tagesordnung, die Zeit der Messe, die Auswahl der Lieder, die Zeit meines einzigen Vortrages für die ganze Gruppe. Ich hielt es für wichtig, alles in gemeinsamem Einverständnis festzulegen oder – falls das nicht gelang – abzustimmen, damit sich jeder für den Verlauf der Exerzitien verantwortlich fühlte.

Für den ersten Tag schlug ich verschiedene Gebetsarten vor, um sie daran zu erinnern, daß jeder seine Exerzitien selber macht. Alle fingen an, auf ihre gewohnte Weise zu beten. Denjenigen, die im Gebet noch nicht sehr bewandert waren, erteilte ich einige konkrete Anweisungen. Den ersten Vormittag gab ich frei, damit sie anfangen konnten zu meditieren.

Am Nachmittag, oder je nach den Umständen, machte ich den Vorschlag, Gruppen zu bilden, damit die Teilnehmer ihre Erfahrungen mitteilen konnten. Ich versprach, daß es keine Diskussionen geben und wir die Zeit nicht mit Plaudereien vertrödeln würden. Wir planten täglich Zusammenkünfte von eineinhalb Stunden. Die Teilnahme war freiwillig, und die Gruppen bildeten sich ganz selbständig. Es wurden Gruppen zu zehn Personen gebildet, und ich setzte die Zusammenkünfte so an, daß ich bei jeder Gruppe dabeisein konnte.

Bei der ersten Sitzung bat ich die Teilnehmer zu erzählen, wie jeder bete, wie er es gelernt habe, wie sich die Art des Betens bei ihm entwickelt habe und welche Umstände zu Änderungen geführt hätten. Um einer größeren Freiheit willen, und um Spannungen vorzubeugen, konnte man auch an einer Gruppe teilnehmen, ohne sich zu äußern. Jeder teilte in der Regel etwas von seinem Gebetsleben mit, und dadurch bildete sich ein Klima, das dem Austausch religiöser Erfahrung dienlich war.

Natürlich ergaben sich dieselben Schwierigkeiten wie in den oben geschilderten Studentengruppen. Der Respekt für die Erfahrung der anderen war oft unvollkommen. Einige versuchten, andere zu belehren, indem sie das, was gesagt wurde, korrigierten oder das Stammeln dessen unterbrachen, der sich bemühte, sich zu äußern. Andere stellten Fragen, die in keinem Zusammenhang mit der geschilderten Erfahrung standen. Sie dienten als Vorwand, die eigene Meinung zum besten zu geben. Geduldig machte ich mich daran, jedem Teilnehmer Respekt für die Erfahrungen des anderen beizubringen und dafür, diese anzunehmen. Um das Vertrauen in der Gruppe zu stärken, spiegelte ich. Dann wandte ich mich persönlich jedem einzelnen zu und erlaubte mir, ihm zu seiner Art des Betens Empfehlungen zu geben.

Als wir uns besser in die Exerzitien vertieft hatten, schlug ich neue Arten des Betens vor. Eine davon war der Kontakt mit der Natur. Ich zeigte ihre Vorteile auf und erklärte, wie sie erfolgreich durchgeführt werden kann. Nachdem die Teilnehmer sich darin einen Tag lang versucht hatten, war genügend Stoff vorhanden, über den gesprochen werden konnte. So nährten sich die Gruppenzusammenkünfte täglich von dem, was jeder in seiner Betrachtung erfahren hatte. Sie teilten ihre Entdeckungen einander mit. Außer zu den Zeiten, die für Messe, meinen kurzen Vortrag und die Gruppenversammlungen vorgesehen waren, konnte jeder frei über seine Zeit verfügen. So hatten die Teilnehmer während des ganzen Tages reichlich Zeit für die Meditation. Jeden Tag hatte ich eine Besprechung mit jedem Teilnehmer und erlebte so die Exerzitien eines jeden mit. Wer es benötigte, bekam weitere Orientierung oder zusätzliche Themen. Falls jemand meinen Vortrag nicht nötig hatte, gab ich ihm den Rat, daran nicht teilzunehmen. Erfahrungen stellten sich immer ein, und oft ergaben sich sehr schöne Glaubenszeugnisse, die zu einer intensiven Einheit und inneren Sammlung führten. Das war der Grund, die Vorträge durch das Zeugnis des einzelnen zu ersetzen. Das Resultat war sehr befriedigend, aber um es zu erreichen, mußten die schon erwähnten Regeln eingehalten werden: Diskussionen aller Art, Kritik, kategorische Behauptungen, Unterbrechungen und Ratschläge waren auszuschließen; Ehrfurcht, Annahme des anderen und Interesse für seine Aussage mußten geweckt werden. Größtenteils konnte ich dieses Verhalten durch Spiegeln fördern.

Viele Gruppen, Vereine und Gemeinschaften bitten Geistliche zu Tagungen, Vorträgen und Ansprachen. Meiner Überzeugung nach sollten diese Gelegenheiten so umgestaltet werden, daß die Teilnehmer einander ihre Erfahrungen mitteilen. Es ist unbestritten, daß ein Außenstehender einer Gemeinschaft vieles in einem neuen Licht zeigen oder ein konstruktives Zeugnis seines Glaubens geben kann. Aber solange die Mitglieder einer Gemeinschaft ihre Lebenserfahrungen sich nicht selber mitteilen, entsteht keine richtige Glaubensgemeinschaft. Persönliche Zeugnisse bringen immer eine beträchtliche persönliche Bereicherung, und sie wirken aufbauend, weil wir an der Erfahrung anderer teilzunehmen lernen und uns an ihrem Beispiel erbauen.

Zusammen mit Mitbrüdern habe ich noch einfachere Exerzitien gehalten. Jeder folgte selbständig seinen Neigungen und Bedürfnissen und widmete der Betrachtung und dem Gebet so viel Zeit, wie ihm zusagte. Wir verzichteten auch auf einen Vortrag und verbrachten den ganzen Tag in Gebet und Meditation. Abends trafen wir uns für eineinhalb Stunden, und jeder erzählte, wie es ihm tagsüber erging oder was während seines Betens geschah. Wenn Zweifel auftraten, besprachen wir sie brüderlich. So nahm jeder am Exerzitienverlauf der anderen teil. Wenn einer die Meinung der übrigen wissen, ein Problem oder eine Situation besprechen wollte, taten wir es mit großer Liebe und Rücksicht. Solche Exerzitien ermöglichen viel Freiheit. Jeder kann seinen eigenen Weg gehen, seiner eigenen Art des Betens folgen und trotzdem an den Exerzitien aller teilnehmen.

Bei dieser Art der Exerzitien wie auch bei meinen Kursen an der Universität herrschte ein Klima der Freiheit – Freiheit im Denken, in den Äußerungen und Handlungen. Dennoch herrschten weder Unordnung noch Chaos. Es herrschte die respektgebietende Disziplin einer klaren Methode, die von vornherein akzeptiert wurde. Sie verlangt in jeder Äußerung und in jeder Geste Rücksicht und Interesse für den anderen. Dadurch entsteht ein Gefühl des Vertrauens und der Freiheit, aus dem heraus man voller Anteilnahme auf den anderen hört und sich selber mit Freude den anderen öffnet.

Empfehlungen

Dieses Kapitel möchte ich mit einigen Anregungen beenden, die das bisher Gesagte zusammenfassen, und praktische Folgerungen aufzeigen.

Lernen Sie, einen Blick dafür zu bekommen, wann und wieweit Sie einem Gesprächspartner gegenüber in einer Lage sind, die Sie beide daran hindert, weiter aus sich herauszugehen, als es die Ihnen auferlegte Rolle erlaubt, und wann es eine Beziehung erlaubt, mehr von sich selbst mitzuteilen.

Geben Sie sich Rechenschaft darüber, ob Sie sich in einer an sich unbelasteten Situation zu sehr zurückhalten und so unnötig die Kommunikation mit Freunden einschränken.

Achten Sie darauf, ob Sie etwas, das Sie persönlich erlebt haben, in eher allgemeinen Phrasen schildern, oder ob Sie den Mut haben, davon ein persönliches Zeugnis abzugeben. Anders gesagt: Achten Sie darauf, ob Sie von den mit einer Erfahrung verbundenen theoretischen Konsequenzen sprechen oder ob Sie die Erfahrung selber und die damit verbundenen Empfindungen schildern. Der Unterschied ist sehr bedeutend, denn die Zuhörer haben nur im zweiten Fall an Ihrer Erfahrung Anteil. Im ersten Fall fühlen sie sich zu einer Diskussion eingeladen.

Achten Sie auf den Grad des Vertrauens, das Sie von seiten Ihrer Gesprächspartner spüren. Sagen Sie nie mehr, als Sie nach Ihrem Empfinden ungezwungen mitteilen können. Im Gegenteil, wenn Sie nicht genügend Vertrauen spüren, hören Sie auf, etwas von sich preiszugeben; versuchen Sie, das Klima zu ändern, denn in einem solchen Fall kann niemand etwas von sich mitteilen. Versuchen Sie ernsthaft zuzuhören, und bitten Sie die andern, dasselbe zu tun, bis der Ton des Gesprächs sich ändert.

Machen Sie es sich zur Gewohnheit, auch etwas Positives über sich zu sagen, wenn Sie dazu neigen, sich immer herabzusetzen. Wenn Sie sich hingegen gern rühmen, dann gestehen Sie auch einmal eine kleinere Unvollkommenheit ein. Das Leben ist weder stets rosarot noch immer voller Katastrophen.

Gewöhnen Sie sich daran, etwas von Ihren religiösen Erfahrungen mitzuteilen. Versuchen Sie, im Religionsunterricht, bei Zusammenkünften oder bei welchen Ihrer Seelsorgstätigkeiten auch immer ein Klima zu schaffen, in dem nach entsprechender Vorbereitung die Teilnehmer fähig werden, das Zeugnis des Glaubens aufzunehmen. Nehmen Sie sich vor, von Ihren religiösen Erfahrungen zu sprechen. Lernen Sie, von Jesus zu sprechen.

Fünftes Kapitel
Einige Gesprächsbeispiele

Täglich führen wir mit verschiedenen Menschen Gespräche. Ich meine nicht nur die schon Tage vorher festgelegten, längeren Besprechungen oder die Gespräche, die sich während des Religionsunterrichts ergeben. Manchmal fängt ein Meinungsaustausch an der Straßenecke oder im Bus an. Ein anderes Mal plaudern wir während einer Festlichkeit oder wenn wir mit Freunden gemütlich beisammen sind. Es kommt auch vor, daß jemand ein bedeutungsloses Ereignis erzählt, und wenn ihm das Entgegenkommen des Gesprächspartners Vertrauen einflößt, ist er geneigt, ein tieferes Gespräch zu führen. Die Art und Weise, wie wir zuhören, bestimmt den Verlauf des Gespräches. Wenn der Gesprächspartner instinktiv merkt, daß wir uns für ihn interessieren, und fühlt, daß er vollkommen angenommen ist, wird er wieder anfangen zu sprechen, wenn er auch im Augenblick aus dem Bus steigen muß. Es gehört zur christlichen Mentalität, daß wir wahrnehmen, wenn der andere etwas sagen möchte, was er sich vor anderen nicht zu sagen traut.

In den vorhergehenden Kapiteln haben wir gesehen, wie wir Glaubenszeugnisse entgegennehmen und geben sollen. Jetzt werde ich veranschaulichen, wie zwischen den zwei Vorgängen ein Einklang entsteht. Beide nehmen Abstand von rationalen und allgemeinen Behauptungen. Andererseits ergänzen sie einander wie Geben und Erhalten. Die angeführten Beispiele stellen wichtige seelsorgerische Situationen dar, wurden aber zufällig ausgewählt, um die Weise des Verfahrens zu veranschaulichen. Das Wichtigste ist eine „alterozentrische" Denkweise, das heißt, daß man dem persönlichen Geheimnis des Gesprächspartners gegenüber großen Respekt hat, seine Wirklichkeit vollkommen annimmt, ihm zur Selbstäußerung verhilft, und dadurch, daß man etwas von sich selber gibt, mit ihm Kommunikation aufnimmt. Ich möchte dieses kontemplative Einfühlungsvermögen – den anderen von seinem Innern her, von seiner eigenen Erfahrung aus zu verstehen und durch ein lebendiges Glaubenszeugnis mit ihm in Verbindung zu treten – erörtern.

Gespräch mit übertrieben Eifrigen

Es gibt Christen, die unter einem übersteigerten religiösen Leistungsdruck stehen. Sie sind sehr fromm, widmen sich oft apostolischen Tätigkeiten, sind sehr dienstbereit und haben einen ungeheuer guten Willen. Sie möchten Gott gegenüber sehr treu sein und seinen Forderungen Genüge leisten, aber sie tun es mit einer gewissen Seelenangst und sind mit sich selber immer unzufrieden. In ihrer Vorstellung ist der Wille Gottes sehr streng, und sie werfen sich immer ihre Willensschwäche vor. Sie vermuten, daß ihr eigener Wille sich infolge begangener Fehler und durch die Annahme schlechter Gewohnheiten geschwächt hat. Sie stellen sich unausführbare Ziele, und wenn sie diese nicht verwirklichen können, fühlen sie sich schuldig. Um ihren Willen zu stärken, strengen sie sich mit einer vermeintlich religiösen Begründung immer mehr an und glauben, daß Gott es von ihnen verlangt. Ihre Hauptbemühung ist, die Forderungen Gottes zu befriedigen: ihm treu zu sein. Sie wollen Regeln befolgen, Gebote, Gesetze, Empfehlungen und apostolische Verpflichtungen erfüllen, und wenn sie dazu nicht fähig sind, bekommen sie einen Minderwertigkeitskomplex.

Nehmen wir an, Sie haben mit einem solchen Menschen zu tun, der mit wirklichem religiösen Eifer und mit einer großen Hingabe in apostolischen Tätigkeiten wirkt, in dessen Verhalten aber Spannung, innere Unruhe und Schuldgefühl vernehmbar sind. Obwohl er apostolisch sehr rührig ist, überträgt er gleichzeitig sein Gefühl der Untreue, weil er sich einbildet, den Forderungen Gottes nicht genügen zu können. Wie können Sie ihm helfen?

Ein solcher Mensch ist sehr dankbar, wenn Sie ihn anhören. Das sollte Ihr erster Schritt sein, der selbstverständlich auch die Spiegelung seiner Äußerungen des Eifers und anderer Gefühle enthält. Auf diese Weise kommt nach und nach die andere Seite seines Erlebens zum Vorschein: statt dem Bewußtsein der Treue erscheint eine Niedergeschlagenheit: statt von dem Willen Gottes zu reden, wird er wahrnehmen, daß er sich damit ängstigt, im Blick auf die Forderungen des Evangeliums wird er sich selber beschuldigen. Als Gegenleistung seiner Anstrengungen und seines guten Willens wird die Empfindung einer fortwährenden Frustration und eines Unvermögens auftauchen. Das ist schon eine gute Hilfe, denn diese Gefühle bringen ihn der Realität viel näher.

Wenn sich die betreffende Person nach einer längeren Aussprache ihrer Empfindungen schon bewußt geworden ist, können Sie eine allgemeine Spiegelung machen. Sie können darauf hinweisen, daß sie anfangs ihren Wunsch, immer treu zu sein, vorbrachte, aber später ihr Schuldbewußtsein anerkannte.

In solchen Fällen kommt es oft vor, daß die Beziehung zu den Eltern auf Gott übertragen wurde. Manchmal sind Eltern den Kindern gegenüber zu anspruchsvoll und beanstanden fortwährend etwas. Dadurch erwecken sie ständig Gewissensbisse. In solchen Fällen trachten die Kinder danach, die Liebe, die Annahme und die Anerkennung der Eltern zu erhalten: sie möchten ihre Fehler gutmachen und scheuen keine Anstrengung, um die Forderungen der Eltern zu erfüllen oder sie mit ihren Diensten zu erfreuen. Sie strengen sich übermäßig an, ohne das erhoffte Ergebnis zu erreichen, und beklagen sich dann wegen ihrer Willensschwäche. Sie nehmen die Forderungen bedingungslos an und fühlen sich doch schuldig. Ohne sich dessen bewußt zu sein, erleben sie ihre Eltern als Unterdrücker.

Diese Gemütsverfassung überträgt sich auf den religiösen Bereich. Der Betreffende glaubt zwar, daß Gott unbedingt gut ist und unser Wohl wünscht. Aber seine Forderungen – das Evangelium, die Gebote, die Vollkommenheit usw. – scheinen unerreichbar zu sein. Solche Menschen quält die Angst, daß Gott sie nicht annehmen, sondern zurückweisen wird, sie fürchten sich vor der Strafe und ganz besonders vor der Hölle. Sie versuchen mit immer größeren Anstrengungen, ihre Fehler zu sühnen und Vergebung zu erlangen.

Das Gottesbild dieser Menschen ist durch den Einfluß ihres Elternbildes tatsächlich verzerrt. Über das objektive Verhalten der Eltern will ich mich nicht äußern. Es genügt festzustellen, daß solche Menschen die Forderungen des Elternhauses auf eine übertriebene Weise erlebt haben und unter deren Folgen leiden. Ich will auch nicht behaupten, daß den Kindern keine Forderungen gestellt werden dürfen. Hier handelt es sich um eine Fehlentwicklung. Das Gottesbild dieser Menschen ist anscheinend gut, dementsprechend will Gott ihr Wohl und verlangt so viel; er ist in ihren Augen ein hervorragender Gott. Aber hinter dieser Güte verbergen sich Fehler. Er läßt sie keinen Atem holen, macht sie schuldig, ist zu anspruchsvoll, unterdrückt sie, erweckt ein Minderwertigkeitsgefühl, bedroht sie mit Strafen und mit der Hölle. Ihrem Erlebnis nach ist er nicht so gut, wie sie glauben, obwohl sie das nicht äußern, weil ihnen eine solche Kritik als eine Gotteslästerung gelten könnte. Sie würden sich eine Sünde gegen das erste Gebot vorwerfen, dementsprechend wir Gott aus ganzem Herzen lieben sollen. Im Grunde genommen erleben sie einen schlechten Gott.

Wie kann man solchen Menschen helfen? Nehmen wir an, daß infolge längerer Spiegelungen das Schuldgefühl und die übertriebenen Forderungen schon bewußt geworden sind. Nun müssen Sie mit großer Vorsicht fortfahren. Sie dürfen es auf keinen Fall mit einer psychologischen Deutung versuchen, welche die religiöse Einstellung mit den Begebenheiten des Elternhauses in Verbindung setzt. Sie könnte als ein Angriff erlebt werden. In Situationen des geistlichen Gespräches haben die Liebe und ein herzliches

Milieu Vorrang vor allem anderen, denn Gott, unser Herr, offenbart sich in der Liebe; in einer rauhen Atmosphäre bleibt er abwesend.

Wenn aber die Beziehung gut und vertrauensvoll ist, können Sie doch etwas versuchen. Sie können nachfragen und sich erzählen lassen, ob die Eltern nicht zu anspruchsvoll waren. Ist sich Ihr Gesprächspartner dessen bewußt, dann können Sie auf die Parallele hinweisen: anspruchsvolle Eltern – anspruchsvoller Gott: beschuldigende Eltern – beschuldigender Gott. Sie können fragen, ob zwischen den Begebenheiten des Elternhauses und der Erfahrung Gottes nicht ein Zusammenhang bestehen könnte. Es macht nichts, wenn die Antwort negativ ist. Die Spiegelung genügt: „Sie sehen keinen Zusammenhang." Der Same ist gesät. Sie müssen Zeit lassen, daß der Mensch selber den Zusammenhang erkennt, und dürfen ihn nicht durch eine Beurteilung in die Enge treiben. Außerdem ist da immer auch noch das Geheimnis der Person, und vor diesem Geheimnis muß man immer Achtung haben.

Wenn das Klima vertrauensvoll ist, kann die Frage angebracht sein, ob der Gesprächspartner an die Liebe Gottes glaubt. Im Fall einer bejahenden Antwort ist es auch logisch zu fragen, ob ein so anspruchsvoller Gott, der uns ein solches Schuldgefühl einflößt, uns wahrhaftig liebt. Diese Frage gleicht einer Erhellung. Es liegt darin fürwahr ein gewisser Widerspruch, wenn wir glauben, daß Gott uns liebt und wir uns trotzdem vor ihm – nachdem wir uns mit gutem Willen so sehr angestrengt haben – wegen unserer Fehler fürchten. Die Erhellung besteht darin, daß Sie auf diesen Widerspruch hinweisen. Wenn aber der Partner wahrnimmt, daß er an die persönliche Liebe Gottes nicht glaubt, dann hat er schon etwas Wesentliches erkannt.

Sie müssen diesen Punkt ohne einen positiven Hinweis auf das Evangelium erreichen und müssen sich auch einer Bemerkung zur persönlichen Lage der betreffenden Person enthalten. Erst danach ist die Zeit für ein Glaubenszeugnis

geeignet. Dann ist es angebracht, dem erlösenden Wort Gottes den Platz abzutreten, wenn Ihr Gesprächspartner sich seines widersprüchlichen Seelenzustandes schon bewußt geworden ist und von der Verzerrung seines Gottesbildes schon eine Ahnung hat. Das Evangelium verkündet, daß Gott die Liebe ist. Die Liebe Gottes ist nicht eine Vortäuschung, um uns übertriebene Forderungen aufzubürden, sondern er liebt uns wahrhaftig. Aber das dürfen Sie nicht so allgemein behaupten, das wäre ein Urteil. Ein Zeugnis ist viel angebrachter, denn es gestattet eine größere Freiheit und ist persönlich. Das Zeugnis besteht vor allem darin, unseren Glauben an den Tag zu legen, daß wir an die Güte Gottes glauben. Es könnte etwa so lauten:
— Ich glaube, daß Gott gut ist. Seine Forderungen bedrücken mich nicht. Er liebt mich und läßt mich leben. Er nimmt mich an, wie ich bin; wäre ich schlechter, würde er mich auch annehmen. Ich fühle, daß er mich nicht unterdrücken will. Er wünscht, daß ich glücklich sei, daß ich mein Leben in die eigenen Hände nehme, und er nimmt an, was ich mit meinem Leben mache. Wenn ich mich verbessern will, erfreut es ihn, aber er drängt mich nicht dazu, er hat Zeit.

Falls Sie negative Erfahrungen gehabt haben, ist es gut, auch von diesen Zeugnis zu geben. Sie können womöglich sagen, daß Sie früher Gott auch als zu anspruchsvoll erlebt haben, doch später eingesehen haben, daß die Forderungen unter dem Einfluß früherer Situationen Ihres Lebens entstanden und in Ihnen begründet sind. Deshalb schreiben Sie Gott nicht mehr zu, was Sie damals auf ihn projizierten und von dem Sie jetzt erkennen, daß es von den eigenen Empfindungen stammte. Sie können auch sagen, daß Sie trotz Ihres Schuldgefühls und trotz des Mangels an Empfindung an die persönliche Liebe des Herrn glauben, da sie die Botschaft des Evangeliums ist.

Danach können Sie ein Glaubensbekenntnis mit Blick auf den anderen formulieren:

– Ich glaube, daß Gott Sie liebt, Sie annimmt und Sie schätzt. Er nimmt Sie so an, wie Sie sind. Er drängt nicht, daß Sie sich bessern oder sich in seinem Dienst mehr und mehr bemühen. Sie glücklich zu sehen ist sein einziger Wunsch. Ich bin überzeugt, daß er Sie auch unverdient liebt, wenn Ihr Wille schwach ist oder Sie einigen Forderungen nicht genügen können. Seine einzige Schwäche ist, daß er Sie liebt, nichts anderes.

Sie können erwähnen, daß Jesus dem einen Schächer aus freier Liebe verziehen hat und daß er ihm versprochen hat, das ewige Leben von demselben Tag an mit ihm zu teilen. Sie können auch darauf hinweisen, wie groß die der Sünderin im Hause Simons entgegengebrachte Liebe Jesu war, als er ganz klar offenbarte: die Liebe allein genügt, denn sie löscht die Sünden aus. Auch daran können Sie erinnern, daß Jesus nicht nur dem Petrus verziehen hat, sondern ständig betonte, daß der Vater nicht nachtragend und rachsüchtig ist, sondern vergibt und seine Liebe sogar die Liebe des Vaters im Gleichnis vom verlorenen Sohn übertrifft.

Ich glaube, daß ein solches Zeugnis die gute Botschaft des Evangeliums verkündet. Es ist das Bekenntnis des erlösenden Wortes Gottes in einem Gespräch. Als Beichtvater erkläre ich im Namen Jesu ganz bedingungslos, daß er die betreffende Person liebt und – falls ich es so empfinde – daß er mit ihr zufrieden ist. Aber dieses Verhalten darf nie zur Routine werden. Es ist etwas Heiliges, und die gute Botschaft des Evangeliums muß durch das Herz dessen strömen, der sie verkündet.

Stellen wir uns jetzt dieselbe Begegnung auf eine andere Weise vor. Ohne den Gesprächspartner erst anzuhören, sagt der Ratgeber, daß Gott gut ist und „alle Menschen liebt". Da der Betreffende selber im Dienst des Evangeliums tätig ist, weiß er dies ganz genau und hat es anderen vielleicht schon oft erklärt.

Auf diese Weise wird ihm ganz gewiß nicht die lebendige Erfahrung der Liebe Gottes vermittelt. Es fehlt die Basis eines echten menschlichen Kontakts. Der Betreffende hat nicht die Möglichkeit gehabt, seine menschliche Situation zur Sprache zu bringen und mitzuteilen. Wird ihm aber diese im Gespräch mit dem Berater gespiegelt, kommt er allmählich zur Einsicht, daß er gar nicht glaubt, daß Gott gut ist zu ihm. Daß er also gar nicht an die Liebe Gottes glaubt. Er glaubt zwar den Glaubenssatz, daß „Gott Liebe ist", daß „Gott alle Menschen liebt", aber er ist so voller Schuldgefühle, er steht unter einem solchen Eindruck übermäßiger Forderungen von seiten Gottes, er leidet unter derartigen Minderwertigkeitsgefühlen, daß all dies beweist, daß er nicht empfindet, daß Gott ihn persönlich liebt. Um einem solchen Menschen die Botschaft des Evangeliums verkünden und zum Glauben verhelfen zu können, muß man ihn zuerst mit seiner Realität in Kontakt bringen. Deshalb müssen Sie ihm die Gelegenheit bieten, sich offen zu äußern, damit die Wirklichkeit zum Vorschein kommt. Dann wird ihm die durch Jesus Christus verkündete Botschaft von der Liebe Gottes eine neue Aussicht eröffnen, ohne noch von dem Gewinn zu sprechen, der in der menschlichen Beziehung liegt, die auf diese Weise zustande kam. Auf diese Weise können Menschen miteinander im Glauben wachsen.

Gespräch mit Aggressiven

Es kommt oft vor, daß unter Fremden, während eines Essens, in einer Konferenz oder Besprechung, jemand aufbraust und einige aggressive Behauptungen losläßt oder anfängt, durch seine Gesprächsbeiträge die anderen zu provozieren. Die spontane Reaktion ist dann, sich durch Abwehr oder Gegenangriff dem Kampf zu stellen. Aber dadurch machen wir uns dieselbe Einstellung zu eigen und erliegen dem Klima der Opposition. Ein solches Klima ist für religiöse Themen nicht die richtige Atmosphäre. Wie soll man sich in einer solchen Lage verhalten? Auch wenn ein Angriff ungerechtfertigt war, ist meiner Ansicht nach eine Verteidigung nicht ratsam, wenn der Angreifer erregt ist; denn dann ist er sowieso nicht fähig, vernünftig zu urteilen.

Oft hätte ich Gespräche gerne auf ein Tonband aufgenommen, doch ich habe nie wissenschaftlich gearbeitet und wollte es auch nicht tun, denn das ist mit einer persönlichen Beziehung unvereinbar. Deshalb verfüge ich über keine Tonbänder. Ich habe jedoch eine treu wiedergegebene Besprechung zwischen einem Psychologen und seiner Patientin gefunden*. Die Patientin beginnt mit einem direkten Angriff gegen die Psychologie. Sie greift den Psychologen persönlich an wie auch seinen Beruf. Der Psychologe bewahrt die Fassung. Obwohl ich zugeben muß, daß ihre Beziehung zueinander außergewöhnlich ist und daß sich so etwas auf die gleiche Weise im täglichen Leben nicht wiederholt, finde ich das Gespräch beachtenswert, weil der Therapeut mit seinem geduldig einfühlsamen Verhalten das Blatt wendet.

Klientin 1: Ich weiß, daß Sie in diesem Punkt mit mir nicht einverstanden sein werden. Ich bin überzeugt, daß die Psychologen und die Psychiater solche Meinungen nicht gutheißen. Alles, was in der Psychologie veröffentlicht wird, läuft darauf hinaus, daß man die Menschen machen lassen soll, was sie wollen. Ein moralischer Relativismus wird gelehrt. Ich weiß sehr gut, daß meine Ideen nicht modern sind, aber die Mode interessiert mich in diesem Punkt nicht.
Therapeut 1: Sie haben den Eindruck, daß alle Veröffentlichungen in der Psychologie irgendwie die Moral untergraben.
K. 2: Den Eindruck? Scheint es Ihnen, daß es sich um einen einfachen Eindruck, um eine bloße Meinung handelt?

---

* C. Rogers y Marian Kinget, ib., I, 83–87.

Th. 2: Hhm. Das ist nicht ein Eindruck, es handelt sich um eine Tatsache.
K. 3: Selbstverständlich.
Th. 3: Hhm.
K. 4: Zeigen Sie mir nach Belieben irgendein Buch über Psychologie – Sie können sogar die Universitätsbuchhandlung durchsuchen –, das vom moralischen Standpunkt aus nicht mehr oder weniger subversiv ist.
Th. 4: Alles, was Sie gelesen haben, ist mehr oder weniger subversiv.
K. 5: Gibt es einen Grund zu vermuten, daß das, was in der Universitätsbuchhandlung verkauft wird, fachlich nicht repräsentativ ist?
Th. 5: Sie sehen keinen Grund.
K. 6: Wenn die Bücher in der Universitätsbuchhandlung fachlich nicht repräsentativ sind, frage ich, wo repräsentative Bücher verkauft werden.
Th. 6: Wenn diese Bücher kein wahres Bild vermitteln. „Wo sollen wir sie suchen?"
K. 7: Allerdings.
Th. 7: In dieser Angelegenheit haben Sie sich genügend überzeugt, so daß Sie überhaupt keine Zweifel haben.
K. 8: Schon gut, hören Sie mir zu, ich bin kein Spezialist in diesem Fach. Aber es ist mir aufgefallen: so oft ich ein Buch über die Psychoanalyse aufschlage, ist es voll von Andeutungen, von direkten oder hinterhältigen Angriffen gegen die traditionelle Moral.
Th. 8: In jedem Buch, das Sie in die Hand nehmen, begegnet Ihnen immer dieselbe subversive Tendenz.
K. 9: Ganz richtig.
Th. 9: Hhm.

K. 10: Ich verstehe, daß Sie selbstverständlich nicht den gleichen Eindruck haben können. Da Sie ein Psychologe sind, können Sie dort keine Angriffe wahrnehmen, wo ich sie sehe. Die Tatsache, daß Sie in demselben Fach ein Spezialist sind, kann ihren Gesichtspunkt beeinflussen. Wir müssen erkennen, daß wir alle in einer oder anderen Weise Gefangene unserer Spezialisierung sind. Verstehen Sie mich, ich will nicht behaupten, daß Sie selber – Ihre Theorien oder Schriften – subversiv sind.

Th. 10: Sie reihen mich nicht unter die subversiven Verfasser ein, denken aber, daß ich den Folgen meiner Spezialisierung nicht entgehen kann. Wer sich innerhalb eines Kreises befindet, sieht nicht so deutlich, was sich da tut.

K. 11: Ja, das ist es ... trotz allem können Sie sich der Wirkung Ihres Berufes nicht entziehen.

Th. 11: Besser gesagt, wer kein Spezialist ist, kann die Tatsachen besser beurteilen.

K. 12: Von einem gewissen Standpunkt aus ja, nicht von jedem. Vom fachlichen Gesichtspunkt her bin ich nicht kompetent. Das akzeptiere ich.

Th. 12: Aber von einem anderen Gesichtspunkt aus ist Ihre Lage vorteilhafter.

K. 13: Sicherlich, das ist meine Ansicht.

Th. 13: Hhm.

K. 14: Ich bin mir bewußt, daß ich durch diese Äußerung furchtbar eingebildet erscheine. Trotzdem glaube ich, daß von Tatsachen die Rede ist.

Th. 14: Sie wollen nicht eingebildet erscheinen, aber es dünkt Sie, daß die Tatsachen unleugbar sind.

K. 15: Selbstverständlich ist es unleugbar – wie ich gesagt habe, sind viele damit nicht einverstanden. Das ist unvermeidlich.

Th. 15: Daß verschiedene Menschen die Tatsache anders wahrnehmen.

K. 16: Manche finden in diesen Büchern nichts Schlechtes. Sie finden vielmehr die Rechtfertigung ihres schändlichen Betragens.

Th. 16: Das heißt, die schlechten Menschen finden es selbstverständlich. (Pause)

K. 17: Ich will nicht sagen, daß alle Menschen schlecht sind, die diese Bücher anders beurteilen.

Th. 17: Das ist nicht gerade der Ausdruck, mit dem Sie sie bezeichnen möchten.

K. 18: Ich weiß nicht, mit welchem Ausdruck ich sie qualifizieren soll. Nicht alle, die diese Bücher mit Gefallen lesen, sind verdorben. Notwendigerweise auch ihre Verfasser nicht.

Th. 18: Hhm.

K. 19: Ich nehme an, daß viele Menschen naiv sind. Sie sind sich der Folgen dessen, was sie sagen oder glauben, nicht bewußt. Sehr viele Menschen sind unwissend und oberflächlich, ohne schlecht zu sein. Aber sie lassen sich an der Nase herumführen. Die große moralische Katastrophe, in der wir leben, ist dem zuzuschreiben.

Th. 19: Nach Ihrer Beobachtung der gegenwärtigen Weltlage stellen Sie fest, daß die Bevölkerung der Erde naiv, unwissend, oberflächlich ist . . . und einige sogar schlechter sind.

K. 20: Ich glaube nicht, daß sich das nur auf die Gegenwart bezieht. Meines Wissens war es immer so.

Th. 20: Hhm. Die Guten und die Gerechten waren immer eine Minderheit.

K. 21: Eine kleine Minderheit.

Th. 21: Hhm.

K. 22: Es wäre Einbildung, sich zu dieser Minderheit zu rechnen.

Th. 22: Wenn ich Sie recht verstehe, wollen Sie nicht eingebildet sein . . . trotzdem sind Sie genötigt, sich zu dieser Minderheit zu rechnen.

K. 23: Ganz recht, Herr Doktor, ich bin mir darüber schon klar, daß ich mich in einem Dilemma befinde.
Th. 23: In einem Dilemma.
K. 24: Wenn ich ja sage, bin ich eingebildet, wenn ich nein sage, widerspreche ich mir selber.
Th. 24: Es scheint Ihnen schwerzufallen, zwischen den zwei Möglichkeiten eine Wahl zu treffen.
K. 25: Oh, ich vermute, daß ... ich es lösen kann.
Th. 25: Hhm.
K. 26: Ich weiß nicht, ob es eine Lösung ist. Ich fürchte, daß es eine Schlußfolgerung ist. Vielleicht eine richtige Folgerung. Ich bin möglicherweise eingebildet, wahrscheinlich ohne es zu wollen, ohne es wahrzunehmen, ohne mir dessen überhaupt bewußt zu sein.
Th. 26: Das ist eine schwere Folgerung ..., aber ...
K. 27: Oh, Sie wissen ja.
Th. 27: Sie meinen, ihr nicht aus dem Weg gehen zu können.
K. 28: Ich habe keine Absicht, ihr aus dem Weg zu gehen. Ich will meinem Fehler mutig entgegentreten, ich bin bereit, ihn anzuerkennen. Aber was mich nicht betrifft, die Fehler der anderen, will ich nicht anerkennen ... (Pause) Ja, das ist es ... Das ist vielleicht mein Fehler ... Das ist, was mich bei meinem Vorgesetzten in Schwierigkeiten bringt ... und bei meinen Kollegen ... Es scheint mir, daß ich hochmütig bin ... Ich bin es.
Th. 28: Sie meinen, daß diese Erkenntnis die Lösung Ihrer ganzen Probleme ist. Das ist es, wessen Sie sich nicht ganz bewußt waren.
K. 29: Ja ... das heißt ... es ist die Lösung meines Problems. Es ist nicht so sehr eine Erkenntnis. Irgendwie ... unbewußt, ja, nicht ganz unbewußt ... habe ich mir in den Kopf gesetzt ..., daß ich mich durchsetzen, die anderen beherrschen muß und daß man mich immer für besser halten soll als

die anderen. Ich wollte immer die Erste in der Klasse sein. Ja, als ich im Kolleg war – wo alles Disziplin und Gedächtnis war – ..., es war nicht alles Disziplin, nur bis zu einem gewissen Grad, das Befolgen der Vorschriften. Und jetzt! Ah! Jetzt bin ich weit davon entfernt, die Erste zu sein. Ja, ich bin die Erste der gescheiterten Existenzen. Ich würde nicht hier sein, wenn es anders wäre. Und vielleicht ist es das, was mich so kritisch und oft widerborstig macht. Und gelegentlich bin ich es ganz und gar! Unlängst hat z. B. eine Frau die Häuser unseres Wohnviertels mit einem Antrag besucht, in der Schule ein Schwimmbad zu errichten. Und ich habe mit dieser Frau, die ich noch nie gesehen habe und vielleicht auch nie wieder sehen werde, angefangen zu streiten. Und das wegen dem Plan eines Schwimmbades! Verstehen Sie? Und stellen Sie sich vor, es war nicht einmal eine Geldangelegenheit, denn nur die Grundbesitzer werden zahlen müssen. Und wenn auch alle Bewohner zahlen müßten, es ist sehr fraglich, ob wir noch dort wohnen werden, wenn es dazu kommt.

Th. 29: Sie erkennen, daß zwischen Ihrer kritischen Haltung, Ihrem Bedürfnis, die Erste zu sein, sich durchzusetzen, und andererseits Ihren Schwierigkeiten in der Arbeit ein gewisser Zusammenhang besteht.

K. 30: Ja, das ist mir ganz klar. Das ist mir zu einer Gewohnheit, zu einer fixen Idee geworden. Bevor ich mich besinne, bin ich schon daran, jemanden direkt oder indirekt anzugreifen. Andererseits, was habe ich denn während dieser Besprechung getan? Verzeihen Sie, die Zeit ist ja schon um. Statt von meinen Problemen, meiner Persönlichkeit zu sprechen, habe ich die Psychologie ganz unnötig angegriffen. Nicht nur die Psychologen oder einen bestimmten Psychologen, sondern die ganze Psychologie. Und das habe ich vor einem Vertreter des Berufes getan. Nebenbei, Sie waren sehr höflich. (Sie steht auf) Denn ... das Komische ist, daß es mir während des ganzen Gespräches bewußt war, daß meine Einstellung nicht richtig ist, aber ich konnte nicht anhalten. Es ist ganz automatisch zu einer fixen Idee geworden. (Beim Fortgehen an der Tür:) Aber wissen Sie, trotz allem hat sich meine Meinung über die Psychologen nicht geändert. Also gut, das ist nicht wichtig. Auf Wiedersehen.

Trotz des Angriffs der Patientin herrscht in diesem Gespräch ein fortwährender Meinungsaustausch. Der Psychologe reagiert nicht auf den Angriff, sondern spiegelt die erhaltenen Mitteilungen wider.

Die Patientin beginnt das Gespräch mit einer allgemeinen Behauptung, daß sie die Psychologie als unmoralisch verurteilt (K. 1). Der Therapeut (Th. 1) spiegelt das Gesagte als ihren Eindruck zurück, daß ihrem Empfinden nach alle psychologischen Veröffentlichungen unmoralisch sind. Sie merkt den Unterschied (K. 2), will aber auf ihre innere Wahrnehmung nicht eingehen und weist deshalb mit einer Frage darauf hin, daß sie von einer objektiven Tatsache spricht. Momentan ist das ihre Mitteilung. Deshalb spiegelt sie der Therapeut wider, aber er besteht nicht darauf (Th. 2). Sein „Hhm" bedeutet, daß er die Mitteilung verstanden und als solche angenommen hat, aber sich momentan weder darauf einlassen noch seine Meinung sagen will. Es ist eine Kenntnisnahme. Merken wir uns, daß die Frau eine Frage gestellt hat (K. 2). Gewöhnlich versuchen wir, eine Frage zu beantworten. Im täglichen Leben trachten wir danach, unsere eigenen Gedanken kundzutun. Der Therapeut verhält sich anders. Sein Interesse konzentriert sich auf die Patientin. Weder die Psychologie oder seine eigene Person, noch die Frage oder die objektive Wahrheit lenken ihn von der

Patientin ab. Er richtet seine ganze Aufmerksamkeit darauf, was sie sagt. Das wiederholt sich in K. 5.
– Gibt es einen Grund zu vermuten, daß das, was in der Universitätsbuchhandlung verkauft wird, fachlich nicht repräsentativ ist?
– Sie sehen keinen Grund – sagt der Therapeut.

Die Bedeutung der Frage ist in der Tat eine positive Behauptung, daß sie keinen Grund sieht. Der Therapeut versteht sie und fügt der Spiegelung hinzu, daß sie es ist, die keinen Grund sieht. Damit will er sie zu ihrer Innenwelt zurückführen.

In K. 8 bemerkt die Patientin abermals, daß der Therapeut seine Meinung hinsichtlich der objektiven Tatsache zurückhält. Sie hingegen will sich von der objektiven Tatsache nicht entfernen und will nicht anerkennen, daß ihre Kritik sich auf ihren eigenen Standpunkt gründet. Der Therapeut spiegelt auch weiter das Gesagte wider (Th. 8).

In K. 10 fängt die Patientin an, zwischen ihren zwei Standpunkten einen gewissen Widerspruch zu erkennen. Sie bekräftigt ihre vorherige Empörung und entschuldigt sich, weil sie die Schriften ihres Therapeuten nicht als subversiv brandmarken will. Der Psychologe weist aber wieder auf die Disharmonie der zwei Behauptungen hin (Th. 10).
– Sie reihen mich nicht unter die subversiven Verfasser ein, denken aber, daß ich den Folgen meiner Spezialisierung nicht entgehen kann.

Die Klientin bekräftigt wieder ihr Urteil über die Spezialisten (K. 11). Der Psychologe verweist auf die Kehrseite der Medaille. Wenn der Spezialist in einer weniger vorteilhaften Lage ist, dann versteht es der Laie besser. Das ist die erste Erhellung. Sie gehört zu der dritten Kategorie der Spiegelung. Die erste ist die Wiederholung und die zweite die Spiegelung der Empfindungen. In Th. 12 spiegelt er noch deutlicher, daß sie sich für kompetenter hält.
– Aber von einem anderen Gesichtspunkt aus ist Ihre Lage vorteilhafter.

Die Klientin gibt das zu (K. 13) und gesteht gleich danach, daß sie sich überlegen gezeigt hat (K. 14).

– Ich bin mir bewußt, daß ich wegen dieser Äußerung furchtbar eingebildet erscheine ...

Der Therapeut spiegelt, daß sie an beiden Polen ihrer Opposition festhält (Th. 14). Die Klientin bemerkt, daß sie eine Anschuldigung ausgesprochen hat, und versucht sie einzuschränken. Sie schreibt den Fehler der Unerfahrenheit und der Unwissenheit der Menschen zu (K. 15–21). Dadurch vergleicht sie sich mit ihnen und betont unabsichtlich ihre Überlegenheit, wenigstens diesen „Menschen" gegenüber. Dadurch fühlt sie sich schon dem größten Teil der Menschheit überlegen. Der Therapeut spiegelt die neue Situation wider (Th. 22):

– Wenn ich Sie recht verstehe, wollen Sie nicht eingebildet sein, trotzdem sind Sie genötigt, sich zu dieser Minderheit zu rechnen.

In diesem Satz schränkt der Therapeut seine Behauptung ein: „Wenn ich Sie recht verstehe". Dadurch stellt er sie ihrer vorherigen Behauptung gegenüber, daß sie überlegen ist. Das bedeutet aber die Herabsetzung ihres Ichs, und deshalb ist es möglich, daß sie es nicht anerkennt und einen anderen Vorwand sucht. Auf diese Weise läßt er ihr die Wahl, den Umstand anzuerkennen oder nicht. Andererseits weist er darauf hin, daß seine Behauptung nur eine Spiegelung ist. Das ist erfolgreich, denn in K. 23 gesteht sie ihren Widerspruch ganz entschieden ein.

Von K. 25 an ändert sich das Verhalten der Patientin vollkommen, und in K. 28 fängt sie an, Faktoren anzuführen, um ihre erkannte Überheblichkeit zu verarbeiten. Weil sie anfängt, sich damit zu befassen, was sie tun sollte, enthält sich der Therapeut weiterer Spiegelungen. Beim Erzählen von vergangenen Begebenheiten gehen ihr viele Zusammenhänge auf. In Th. 20 macht der Therapeut noch eine Erhellung und weist auf die Wechselbeziehung der spontan angeführten Faktoren hin.

Merken wir uns auch, daß die Patientin beim Weggehen ihre Meinung über die Psychologen wieder bestätigt. Sie kann sich nicht zurückhalten. Der Therapeut macht keine Bemerkung, das wäre unangebracht. Sie wird es schon selbst bemerken, wenn sie allein ist, vielleicht während der Nacht. Es ist auch bemerkenswert, daß der Therapeut wegen Meinungen angegriffen wurde, die er nicht vertritt. Aber er gerät nicht in die Falle; er rechtfertigt sich nicht. In K. 30 sagt die Frau: „Sie waren sehr höflich." Das bezeugt, daß sie sich ihrerseits vom Therapeuten nicht angegriffen, sondern positiv aufgenommen fühlte. Der Therapeut hat ihre Aggressivität entwaffnet.

Der angeführte Dialog stammte aus einer therapeutischen Beratung. Zwischen dieser und unseren Gesprächen im religiösen Bereich gibt es einen Unterschied. Der Therapeut spiegelt grundsätzlich wider und bleibt dabei. Er will heilen und ist überzeugt, daß sein Patient seine eigenen Probleme zu lösen fähig ist, wenn er sich angemessen ausdrücken und dadurch seine Lage erkennen kann. Dagegen beschränken wir uns nicht auf die subjektive Seite, sondern können auch jedes Thema von einem objektiven Standpunkt aus besprechen. Es gibt aber eine Bedingung, ob wir von der Spiegelung auf ein einfaches Zwiegespräch übergehen können. Wenn der Gesprächspartner nicht vollkommen ruhig ist, müssen wir ihm beistehen und seine Mitteilungen widerspiegeln. Es kommt nicht darauf an, ob der Betreffende böse, bedrückt, verwirrt oder verdrießlich ist; ob ihn Euphorie oder Groll überfallen haben; ob sein Zustand wütend oder deprimiert, begeistert oder schmerzerfüllt ist. Wenn irgendwelche Gemütsbewegung ihn beherrscht, müssen wir ihm beistehen und ihn begleiten, bis er sie ausdrücken kann und sich beruhigt. Nur wenn er schon ruhig und gelassen ist, können wir unser Verhalten ändern und von äußeren Tatsachen sprechen oder uns in ein Zwiegespräch einlassen, ein Zeugnis ablegen oder zu einer anderen Form der menschlichen Kommunikation übergehen. Vorher ist ein solcher Versuch nicht der Mühe wert.

Priester, Ordensschwester, Religionslehrer oder andere Personen, die in besonderer Nähe zur Amtskirche stehen, werden oft angegriffen, weil man sie mit der Amtskirche identifiziert. Manchmal richtet sich der Angriff gegen Gott oder gegen die Religion im allgemeinen. Manchmal richtet sich ein Angriff gegen die Kirche ganz allgemein, weil dem Kritiker die Verpflichtung der Kirche zur Beichte ungerechtfertigt und inakzeptabel erscheint. Ein anderes Mal findet ein Geschiedener die Kirchengesetze „unmöglich" und kann nicht verstehen, warum die Kirche eine zweite Ehe nicht erlaubt. An der Universität sind mir viele Studenten begegnet, die gegen alles Katholische allergisch waren, weil sie im Kolleg ihrer Ansicht nach ungerecht leiden mußten oder einer veralteten Disziplin unterworfen waren. Mir begegneten auch laufend Menschen, die in diesen Institutionen ungeheuer viel Gutes erhalten haben; aber jetzt spreche ich von den anderen. Oft liegt der Grund der Konflikte mit der Kirche im taktlosen Vorgehen ihrer Vertreter. Manche beanstanden, daß in der Kirche zu viele Änderungen durchgeführt wurden, andere sind aber in dieser Hinsicht noch nicht befriedigt. Die unzähligen Vorwürfe und Kritiken haben ganz verschiedene Ursachen.

Solchen Angriffen gegenüber ist meistens die erste spontane Reaktion, die Kritik in ein gerechtes Licht zu stellen: „Gut, aber nicht alle Geistlichen sind so", oder „Das kann leider vorkommen, aber wir müssen an all das Gute denken, was getan wird". So zu antworten ist ein bedauerliches Mißverständnis der Lage, denn es ist eine Abwehr. Obwohl der Ton sehr friedlich sein kann, ist die Situation doch einem Kriegsschauplatz gleich, wo der Rückzug gedeckt wird.

Eine vernünftigere Reaktion ist, Abstand zu halten und nach dem Problem des Gesprächspartners zu fragen. Gewöhnlich ist der erste Angriff etwas unangebracht. Wir müssen instinktiv suchen und erfassen, was dahinterliegt. Wenn ein Geistlicher unseren Gesprächspartner tatsächlich schlecht behandelt hat, bezieht sich der Angriff auf die „Geistlichen" oder auf die „Amtskirche". Die Vorwürfe sind meistens sehr allgemein. Unser Partner soll die Begebenheit, die ihn beleidigt hat, erzählen und sich auf Einzelheiten einlassen. Unsere Aufgabe ist, ihn anzuhören und das Gesagte widerzuspiegeln, damit er, statt gegen die Kirche aufgebracht zu sein, sich verstanden fühlt und Vertrauen spürt. Die schon erläuterte Regel besteht auch hier: solange jemand in Gemütsbewegungen befangen ist, müssen wir ihn begleiten. Das verlangt Geduld und Zeit, viel Zeit.

Wenn sich der wirkliche Grund des Unbehagens schon geklärt hat, kann man davon sprechen, daß einem in der Kirche auch schon Fehler zugestoßen sind. Wenn bei Zusammenkünften jemand die Schwächen der kirchlichen Institution realistisch erwähnt, erzähle ich gewöhnlich einige Konflikte, die ich selber erlebt habe. Auch meine Kritik über einige Umstände in der Kirche oder über einige ihrer Vertreter verschweige ich nicht, natürlich mit der notwendigen Diskretion. In dieser Hinsicht hat es mir nie an Themen gefehlt. Ich erkläre, daß ich gegen diese Fehler kämpfe. Ich gebe zu, daß die Kirche, die Geistlichen, die Institutionen, die Gesetze und die Gebräuche nicht vollkommen sind und daß ich zeitweise auch darunter gelitten habe. Das führt zu einer menschlich verständnisvollen Situation. Dann ist die Kirche nicht mehr eine unberührbare Größe und ich bin nicht ein vollkommenes Wesen. Ich bin vom Podest gestiegen und kann mich mit meinen Partnern auf eine menschliche Weise verständigen. Ich werde zu einem armen Bruder, der möglicherweise gefehlt hat, der mit Schwierigkeiten kämpft und vielleicht sogar einer helfenden Hand bedarf, falls ihn seine Lage zu sehr bedrängt. Gleichzeitig versteht unser Gesprächspartner die Kirche besser und kommt mit ihr durch uns in Verbindung.

Nach solchen Eingeständnissen ergibt sich der geeignete

Moment für ein Zeugnis: Obwohl ich unter den Schwächen der Kirche zu leiden habe, glaube ich an Jesus Christus, der in ihr lebt. Ich glaube, daß sie Christi Kirche ist, und glaube an ihre Hierarchie. Ich bete für sie, nehme sie samt ihren Fehlern an; ich kämpfe für ihre Erneuerung, aber ich nehme es an, daß sie nicht vollkommen ist. Ich bezeuge, daß ich ganz außerordentliche Geistliche gekannt habe und sehr ansprechende Beispiele erlebt habe, die mich sehr begeisterten.

Sie werden festgestellt haben, daß bisher keine einzige allgemeine oder doktrinäre Behauptung nötig war, die naturgemäß zu einem Wortgefecht geführt hätte. Statt dessen haben sich ein gegenseitiges Verständnis und eine menschliche Beziehung aufgebaut, ein gutes Klima, um die Deutung der Ereignisse und der Lehre zur Sprache zu bringen. Das ist der geeignete Moment, Angaben oder eine Auslegung anzubieten, falls es nötig ist. In dieser Phase der Besprechung ist die Empfindsamkeit des anderen meistens schon gesichert und die Kritik an der Kirche kommt schon mit Verständnis und Mäßigung von innen.

Die praktische Durchführung möchte ich in folgender Weise empfehlen. Beobachten Sie, wann in Ihrer Umgebung irgendeine Kritik über die Kirche laut wird. Es kann sogar eine kritische Frage sein. Nehmen Sie die Äußerung ernst, und verzichten Sie auf das, was Sie sagen oder tun möchten. Wenn Sie unterrichten oder an einer Versammlung teilnehmen, verzichten Sie darauf, mit Ihrem Thema fortzufahren. Sie werden etwas viel Wertvolleres erwirken. In einem spontanen Gespräch während einer gesellschaftlichen Zusammenkunft behalten Sie Ihre Meinung für sich. Beobachten Sie, bis zu welchem Punkt Sie sich wegen Ihrer Identifikation mit der Kirche persönlich angegriffen fühlen. Sie müssen sich über diese Empfindlichkeit, die ihrerseits natürlich ist, erheben.

Halten Sie jedes Urteil zurück, und spiegeln Sie nur ganz genau wider, damit sich der andere eingehend äußert. Das kann viel Zeit in Anspruch nehmen. Versuchen Sie, sich in das Erlebnis des anderen einzufühlen, ob es auch Empörung, Spott, Unzufriedenheit oder sonst etwas ist. Achten Sie darauf, ob Ihr Partner sich schon ganz ausgesprochen und dadurch seine Ruhe wiedergewonnen hat. Sie sollten im Gespräch dann nochmals eine kleine Pause einlegen, vielleicht taucht noch etwas auf. Ohne ein Urteil zu fällen, ist dann der gelegene Augenblick – wenn Sie es für geeignet halten –, von einer ähnlichen Begebenheit, einem Verdruß, zu berichten, wobei aber klarwerden soll, daß Sie trotz allem auf die Kirche und ihre Hierarchie vertrauen. Legen Sie dann wieder eine Pause ein. Wenn Fragen gestellt werden, antworten Sie womöglich mit einem persönlichen Bekenntnis oder betonen Sie, daß es Ihre persönliche Meinung ist. Das gibt dem anderen ein Gefühl der Freiheit und hilft ihm, seine für überzeugend gehaltene Ansicht zu überprüfen.

Erst danach ist es ratsam, Irrtümer aufzuklären oder objektive Tatsachen zu besprechen. Übereilen Sie sich nicht. Wenn Ihr Partner sich restlos ausgedrückt hat und Sie ihm erzählt haben, wie es Ihnen ergangen ist, wird er zweifelsohne Fragen stellen. Was Sie dann sagen, fällt auf einen gut vorbereiteten Boden, und der Gesprächspartner wird sich noch lange daran erinnern. Sie sollten nicht viel erklären. Was Sie zu sagen haben, ist in Ihrer brüderlichen Liebe enthalten, denn Sie haben sich, ohne zu fragen, beigesellt, Sie haben ein menschliches Zeugnis abgelegt, daß Sie den Wechselfällen des Lebens ebenso ausgesetzt waren, und dadurch Ihren Glauben an die Kirche bezeugt. Tatsachen lehren mehr als Worte.

Gespräch mit Leidenden

Das Leid verursacht die meisten religiösen Probleme; das körperliche Leiden, das Unvermögen gegenüber den Ungerechtigkeiten, die Liebesenttäuschungen, die nicht reduzierbaren Spannungen zwischen den Menschen, die uns in der Arbeit oder zu Hause nahestehen, und die Konfrontation mit dem Tod. Zuweilen treffen wir bei einem Todesfall bekümmerte Freunde oder Verwandte, die ihren Geliebten betrauern. Ein andermal stehen wir neben einem Kranken, der eben erfahren hat, daß er unheilbar krank ist; er hat Krebs, ist aber noch jung und hat einige Kinder. Es gibt Tragödien, wo einem das Herz bricht. Dann kommen Menschen, die in ihrem Schmerz, ihrer Entrüstung oder ihrer Empörung um Rat fragen. Wie soll man in solchen Fällen das Gespräch führen?

Das erste ist immer, die unmittelbar nötige Hilfe zu leisten. Wenn jemand ins Wasser fällt, müssen wir ihn erst herausziehen, und erst dann können wir ihn bedauern. Bei einem Unfall muß erst die Ambulanz gerufen werden. Wenn aber keine äußere Hilfe nötig ist, dann ist es am wirksamsten, wenn wir das Leiden des anderen annehmen und anerkennen, daß er leiden muß.

Eines Tages sprach ich mit einem befreundeten Ehepaar, das mir erzählte, daß die Entbindung ihres jüngsten Kindes sehr schmerzhaft war. Zuerst war kein Arzt in der Nähe gewesen, der der Frau ein Beruhigungsmittel gegeben hätte. Jetzt war die Frau wieder schwanger und fürchtete sich vor der nächsten Entbindung. Während des Gesprächs erwähnte ich, daß es neuerdings üblich werde, daß der Ehemann bei der Geburt dabei sei, damit er seiner Frau eine Stütze sei, um ihre Beziehungen zu festigen, und als Zeichen, daß sie ihr Kind gemeinsam empfangen. Die Frau sagte, daß sie der Anwesenheit ihres Mannes auf keinen Fall zustimme. Ich wunderte mich über ihre energische Abwehr. Als Erklärung sagte sie, ihr Mann liebe sie so sehr, daß er sie nicht leiden sehen könne. Bei der letzten Entbindung habe sie so sehr gelitten, daß sie einen Weinkrampf bekommen habe. Man habe sie im Gebärsaal zurückbehalten, bis sie sich beruhigt hätte. Ihr Mann sei in den Saal gekommen. Er sei sehr ergriffen gewesen, habe ihre Hand genommen und sie mit großem Nachdruck gebeten: „Anna, weine nicht!"

„Ruppert konnte mich nicht leiden sehen", wiederholte sie, „er liebt mich so sehr, daß er es nicht ertragen kann."

Sein Wunsch, daß sie nicht weine, hatte ihr sehr weh getan, weil er ihr Leiden innerlich nicht angenommen hatte. Deshalb wollte sie ihn bei der nächsten Geburt nicht dabei haben.

Als wir die Angelegenheit weiter besprachen, sagte ich, daß es auf jeden Fall ein Zeugnis großer Liebe sei, wenn der Mann sich wegen des Leidens seiner Frau mehr gräme als wegen seines eigenen. Die Anteilnahme ist das Maß der Liebe. Trotzdem wäre es besser gewesen, er hätte ihre Hand ergriffen, sie seine Anwesenheit beharrlich fühlen lassen und innerlich angenommen, daß sie diese Schmerzen ertragen mußte. Sie hätte sich verstanden, begleitet und unterstützt gefühlt. Da er ihr das Weinen abstellen wollte, fühlte sie, daß sie mit ihren Schmerzen, die in diesem Augenblick einen unvermeidlichen Teil ihrer Realität bildeten, nicht angenommen war. Es fiel ihr sowieso sehr schwer, ihr Los anzunehmen. Vereint hätten sie das Leiden wie in einem Nest leichter getragen. Dadurch, daß ihr Gatte seine Beklemmung mitteilte, vergrößerte sich in ihr das Gefühl der Not und der Einsamkeit.

Das Beispiel der Mutter Gottes hat uns da viel zu sagen. Während des öffentlichen Lebens Jesu hat sie ihn unbemerkt und in einem bestimmten Abstand begleitet. Aber am Weg auf den Kalvarienberg war sie zugegen. Sie hat unterwegs auf ihn gewartet, ihm in die Augen geschaut und ihn umarmt. Sie war anwesend und hat in begleitet. Seinen schmachvollen Tod hat sie schon im voraus angenommen. Darum hat ihre Anwesenheit keine Angst eingeflößt. Die Kirche nennt sie die Schmerzensmutter, aber bezeichnet sie nicht als angstvoll. Nur das nicht angenommene Leid erzeugt Angst; angenommen schmerzt es auch, aber ohne Angst. Daß Maria die Leiden Jesu annahm, war die einzig wirkliche Hilfe, die er in diesem Augenblick von der Menschheit erhielt.

Wenn wir das Unglück des anderen annehmen und uns

dagegen nicht mehr aufbäumen, können wir unseren Blick auf den Leidenden heften, ohne verlegen eine Ablenkung zu suchen, ohne den Ausdruck der Bitterkeit des anderen zu hindern, ohne Protest, ohne Wehklage, ohne Ratschläge zu erteilen und ohne leere Worte zu sagen, wie „Es wird schon vorübergehen" oder „Denke nicht daran" oder „So schlimm ist es nicht!" Den anderen mit unserer Anwesenheit zu begleiten hilft ihm, sein Los anzunehmen.

Jesus Christus tat mit uns dasselbe. Viele Menschen haben mich schon gefragt, wie das Evangelium die Tatsache erklärt, daß es im Leben Ungerechtigkeiten und empörende Leiden gibt, wie z. B. den Tod unschuldiger Kinder, und wieso es vielen Bösen andererseits sehr gut geht. Manchmal antworte ich, daß ich es nicht weiß. Sie sind überrascht. Wieso kann ein Geistlicher keine Erklärung geben? Gelegentlich sage ich, daß es keine Erklärung gibt. Ich weiß nur, daß Jesus statt Erklärungen, oder statt das Leiden zu begründen, es mit uns teilte. Er hat sich uns angeschlossen. Im Garten von Getsemani hat er gelitten, bis er sein Leiden angenommen hat. Er wollte an unserem Schmerz Anteil haben.

Ich erinnere mich, daß mir als junger Priester während der ersten Jahre unzählige menschliche Tragödien begegnet sind, größtenteils im Beichtstuhl. Seltene Ausnahmen abgerechnet, konnte ich den Verlauf der Begebenheiten nicht ändern. In einigen Fällen wäre eine Hilfe möglich gewesen, wenn ich dazu Zeit gehabt hätte. Aber meine Studien und Verpflichtungen nahmen mich vollkommen in Anspruch. Mit der Zeit sind mir mehr und mehr Tragödien begegnet, was mich sehr gequält hat, denn ich konnte mein Unvermögen, sie zu lösen, schwer ertragen. Den Unglücklichen gegenüber wollte ich nicht gefühllos sein. Die Routine einiger Ratgeber war mir bekannt, die ihre Gefühle neutralisieren und stereotype Äußerungen machen, welche sie jedesmal ungeändert wiederholen. Ich wollte ihrem Beispiel nicht folgen, andererseits war der Verdruß auch keine Lösung. Im Verlauf einiger Jahre habe ich erkannt, daß es nicht richtig ist, wenn uns das Mitleid quält, sondern daß wir am Leid der anderen teilnehmen sollen. Ich mußte annehmen, daß ich nicht jedes Leid beseitigen kann und daß es Menschen gibt, die leiden müssen, obwohl ich es ihnen ersparen möchte. Durch diese Einstellung konnte ich vielen helfen. Meiner Empfindung nach konnte ich vielen Leidtragenden und Sterbenden einen brüderlichen Dienst leisten. Ich habe mich ihnen angeschlossen.

Das größte Elend ist die Verlassenheit. Die Hölle ist das Leiden der ewig Einsamen, die sich der Kommunikation mit Gott endgültig verschlossen haben und, ohne sich an menschlichem Mitleid oder einer Freundschaft zu beteiligen, sogar eine Geste der Liebe weder geben noch annehmen können. Das größte Glück hingegen ist die Fülle der Kommunikation: das himmlische Gastmahl. Wenn jemand die Begleitung eines anderen empfindet, vergeht seine Bitterkeit wie der Schnee im Frühjahr.

Wie gibt sich diese Begleitung kund? Sie besteht nicht darin, die Annahme der Widerwärtigkeit durch den anderen mit Worten auszudrücken. Statt einer Erklärung ist eine Tat notwendig. Der Rat, das Leiden anzunehmen, ist auch keine Hilfe, denn der Leidende kann den Eindruck haben, unverstanden zu sein und beurteilt zu werden. Der Rat enthält praktisch das Urteil, daß der andere sein Leid nicht angenommen hat. Obwohl das meistens der Fall ist, schadet solch ein Rat seinem Ichgefühl, fügt dem Leiden noch Leid hinzu und kann zurückgewiesen werden. In welcher Form aber können wir unseren Wunsch beizustehen äußern? Sollen wir dem anderen sagen, daß er nur ganz ruhig weinen soll? Ich tat es oft, aber ohne Erfolg. Das zu sagen kann auch den Eindruck von Wichtigtuerei machen. Wer die Rolle eines Begleiters beansprucht, kann sich dabei wie ein Held vorkommen. Es ist besser, im Hintergrund zu bleiben. Wir können ganz einfach und schlicht unsere Aufmerksamkeit auf den Leidenden richten, auf seinen Schmerz und auf seine Mitteilungen. Wir müssen seine Erlebnisse und Mitteilungen widerspiegeln:

– Es schmerzt dich – wenn er das äußert.
– Du hast viel gelitten – oder etwas dergleichen, das Situation und Gespräch entspricht.
– Es fällt dir schwer, das anzunehmen.
– Du sträubst dich dagegen.

Begleiten bedeutet, daß wir unseren Blick auf die Bitterkeit, den inneren Aufruhr oder das Leid des anderen wenden, ohne zu urteilen, ohne einen Rat zu geben und ohne uns zu ängstigen. Das ist die Geste des Freundes. Wir müssen mit dieser Aufmerksamkeit fortfahren, solange die Trostlosigkeit dauert. Solange wir der Ruhe, als Zeichen der Annahme, nicht gewahr werden, ist es zu früh, die Haltung des Begleitens zu verlassen und etwas anderes zu sagen, als das, was ihn fortwährend versichert, daß seine Mitteilungen treu und liebevoll angenommen sind. Alles andere würde vom Thema abweichen, eine nutzlose vergebliche Abschweifung sein, weil es die Verbindung und das Vertrauen ungünstig beeinflußt. Es wäre auch ein Zeichen unserer Angst. Wir müssen unseren Blick so lange auf den Schmerz und das Leiden des anderen richten, bis sich die Not des Bedrängten gelindert hat. Nur später ist es ratsam, ein Zeugnis zu geben, daß Jesus ihn liebt, ihn geleitet und bei ihm ist. Wenn der Leidende die Gegenwart des verständnisvollen Freundes empfunden hat, kann er sich auch dem Glauben an die Gegenwart Jesu öffnen. Es kann ihm einleuchten, daß er ihn wahrhaftig liebt und daß er in seinem Leid mit der Passion Jesu innig vereint ist. Seinen Glauben beeinflußt das Zeichen der Freundschaft, die er empfangen hat. Ohne das Gefühl der Freundschaft wäre eine solche Behauptung in Gefahr, als Phrase zurückgewiesen zu werden. Die Grundlage der Vermittlung des Glaubens ist, daß wir den Leidenden verstehen, annehmen und an seiner Seite aushalten.

Das Zeugnis besteht darin, zu zeigen, was einer lebt. In diesem Fall ist dies der Glaube, daß das Leiden des Menschen ein Geheimnis ist: daß die Liebe im Leiden zunimmt und daß die Manifestation der größten Liebe, der Liebe Gottes, unverständlicherweise im Kreuz endet; daß wir in den Tod des Herrn getauft werden müssen; daß wir mit Jesus sterben müssen, aber daß dieser Tod zum Leben führt. Das ist es, wovon wir Zeugnis ablegen müssen, nicht, daß wir selber auch Leid erfahren haben. Der Leidende ist nicht in dem Zustand, unsere Heimsuchungen anzuhören. Davon zu sprechen würde erwarten lassen, daß er uns versteht, obwohl ihn augenblicklich seine eigene Situation vollkommen in Anspruch nimmt. Es genügt, ihm beizustehen und mit ihm den Glauben zu teilen, daß Jesus mit uns ist.

Gespräch mit Suchenden

Wenn jemand eine Entscheidung treffen muß, sich aber noch nicht im klaren ist, bespricht er sich gern mit einem Freund. Ein verständnisvoller Christ ist deshalb immer wieder aufgerufen, einem Mitmenschen bei der Klärung einer Frage zu helfen. Jemand bekommt ein vielversprechendes Arbeitsangebot, das aber hohe Opfer verlangt. Er müßte sein Haus verkaufen, seine gewohnte Umgebung verlassen und in einen anderen Teil des Landes ziehen. Er weiß nicht, ob er das Angebot annehmen soll. Ein Student ist mit seinem Fach unzufrieden und möchte wechseln, ist aber noch unschlüssig. Ein Dritter beschäftigt sich nach einigen Jahren seiner Ehe mit dem Gedanken an Scheidung, weil die Lage zu Hause bedrückend und hoffnungslos ist, sieht aber in der Scheidung auch keine richtige Lösung. Ein junger Facharbeiter, dem die Aussicht offensteht, sich im Ausland zu spezialisieren, aber auf die Gefahr hin, daß er nicht wiederkehren wird, sucht uns auf. Ein junges Mädchen denkt daran, ihre Verlobung zu lösen. Obwohl die Verlobung schon seit Jahren besteht, sie sich gegenseitig lieben und die Familien sich schon ganz hineingelebt haben, daß sie heiraten werden, fühlt sie doch, daß etwas in ihrer Beziehung nicht stimmt. Ein anderer möchte besprechen, ob er eine kirchliche Aufgabe übernehmen oder sich von einer Bewegung zurückziehen soll, die zu viel Zeit in Anspruch nimmt.

Bei solchen Gelegenheiten ist die Haltung des Ratgebers meistens, eine Information zu bieten und einige Kriterien zu erwähnen, die den Entschluß beeinflussen können.

Es ist unbestreitbar, daß in bestimmten Fällen, wie der Wahl eines Berufes oder der Annahme einer Anstellung, die Information entscheidend wichtig ist. Trotzdem scheint es mir, daß es nicht richtig ist, damit anzufangen; denn wer mit uns etwas besprechen will, erwartet eine Hilfe ganz anderer Art.

Wer einen bevorstehenden Entschluß besprechen möchte, kann bewußt oder unbewußt zweierlei Absichten haben. Wenn er einer Verantwortung irgendwie entgehen will, sucht er sich auf die Meinung des Beraters zu stützen. In diesem Fall dienen dessen Meinung, die Information und der Rat dazu, daß sich der andere darauf stützt und Sicherheit fühlt. Womöglich ist der Betreffende begierig, Ratschläge, Kriterien, Information und Sicherung zu erhalten. Aber diese Sicherheit macht ihn von seinem Ratgeber abhängig. Darum ist es falsch, seinen Wunsch einfach zu befriedigen.

Wenn andererseits der Gesprächspartner die Verantwortung auf sich nehmen möchte und selber den Entschluß fassen will, belästigt ihn ein Ratschlag jeder Art. Ich habe viele Menschen angehört, die ihre Möglichkeiten mit niemandem besprechen wollten, weil ihnen noch niemand begegnet war, der, ohne sich in ihre Verantwortung einzumischen, ihnen beigestanden wäre. In einem solchen Fall zählen nicht die Worte, sondern die Tatsachen. Viele sagen:
– Ich will dich nicht beeinflussen, doch meiner Ansicht nach solltest du . . .

Es ist sinnlos, etwas in Abrede zu stellen, was man tatsächlich tut. Der andere ist gekommen, weil ihm der Freund etwas bedeutet. Er glaubt an seine Freundschaft, daß er es gut meint, daß er einen gesunden Menschenverstand hat. Deshalb legt er auf die Meinung des Freundes einen großen

Wert. Es ist lächerlich hinzuzufügen, daß dieser ihn nicht beeinflussen will, wenn er im gleichen Satz das Gegenteil bewirkt. Andere sagen:
– An deiner Stelle würde ich so und so handeln.

Das ist eine andere Illusion. Die so reden, möchten den Anschein erwecken, daß sie ihm so nahestehen, als wenn sie in seiner Haut stecken möchten. Das ist aber nicht der Fall, sondern sie drängen dem anderen einen Entschluß auf. Sie drängen sich dem anderen auf, wollen nicht helfen, sondern befehlen.

Was ist in solchen Fällen das richtige Verhalten? Das Ziel ist, den Freund zu einer vollwertigen, verantwortlichen und autonomen menschlichen Handlung zu bewegen, damit er sich selbst findet. Nicht der Entschluß soll in den Mittelpunkt gestellt werden, sondern der Freund, denn nicht sein Entschluß ist wichtig, sondern daß er von ihm ausgeht, seine Entscheidung sei. Alles ist geeignet, was ihn dazu anspornt. Die angetragene Hilfe lenkt nicht auf einen bestimmten Entschluß hin. Statt die Motive abzuwägen, ist der Prozeß der Überlegung und Beschlußfassung zu fördern. Dadurch bereichert der Ratgeber das Leben des Freundes, statt an seine Stelle zu treten.

Nehmen wir an, daß uns ein junger Mann um Rat fragt, weil er wegen seiner bevorstehenden Hochzeit Bedenken hat. „Du mußt entscheiden, denn du wirst mit ihr leben." In dieser Aufforderung kommt klar zum Ausdruck, daß die Entscheidung aus der Tiefe der Realität desjenigen hervorkommen muß, der sie trifft. Die Entscheidung muß auf seine Vorliebe und auf seine Gefühle gegründet sein. Das ist für jede Wahl gültig. Ein mir bekannter Berufsberater prüfte die Fähigkeiten der Studenten und gab auf Grund des Resultats eine ziemlich kategorische Meinung kund, welchen Beruf jeder wählen solle. Wonach sich der Betreffende sehnte und wozu er Lust hätte, interessierte ihn nicht. Seiner Meinung nach war es nicht wichtig, denn mit der Zeit, wenn er sich in den Beruf eingearbeitet hätte, würde sich die Lust schon einstellen. Vielleicht irre ich mich nicht zu sehr, wenn ich behaupte, daß es besser ist, wenn jemand erst schlecht wählt und dann seinen Beruf ändert, aber in seiner ersten Wahl seine Verantwortung ausgeübt und dabei gelernt hat, sich zu prüfen, das Risiko auf sich zu nehmen, eventuell sogar einen falschen Weg einzuschlagen, weil er dadurch im wahren Sinne des Wortes zu einer Persönlichkeit wird. Trotzdem will ich damit die Nützlichkeit einer guten Information nicht verneinen.

Nur in ganz bestimmten Fällen ist es angebracht, mit einem Rat dazwischenzutreten, wenn nämlich jemand leidenschaftlich und vorzeitig einen Entschluß fassen will, der verhängnisvolle Folgen in sich tragen kann. Ein solcher Fall wäre: nach einer kurzen Verlobung ohne Übergang zu heiraten; unter Druck einer blinden Leidenschaft einen Entschluß zu fassen; sich wegen eines womöglich flüchtigen, ehelichen Konfliktes scheiden zu lassen usw. Bei anderen Gelegenheiten sollten wir uns darauf beschränken, den Entscheidungsprozeß zu fördern. Natürlich ist hier nicht von Fällen geistiger Erkrankung die Rede. Unser Partner muß sich seiner eigenen Gefühle bewußt werden und alle Beweggründe in Betracht ziehen. Wahrscheinlich hat er die Alternativen, die Umstände und seine Motive schon oft durchdacht. Die Beweise und Gegenbeweise sind ihm sicherlich schon tausendmal durch den Kopf gegangen und haben seine Lage immer nur mehr verwickelt. Wenn er den Wahlprozeß von der rationalen Ebene auf die seines Erlebens übertragen kann, wird sich seine Sicht klären. Darum müssen wir seine Selbstäußerungen fördern, ihn anhören und ihn in seiner Suche begleiten. Das geschieht durch die Spiegelung seiner Mitteilungen.

Hat man jemandem diese Aufmerksamkeit gewidmet, dann kann man – mit weiteren Perioden des Zuhörens verbunden – auch Ratschläge geben, Information oder Daten einbringen.

Ich habe oft die Spiegelung durch Fragen ergänzt, wenn

sich der Wahlprozeß viel zu lang hingezogen hat, als daß es die Situation wünschenswert erscheinen ließ. Es ist sehr vorteilhaft, sich danach zu erkundigen, wozu der Betreffende Lust hat und was ihm lieb ist. Nehmen wir an, daß ein junger Mann über den ärztlichen Beruf und das Priestertum nachsinnt. Er bedenkt die objektiven Anforderungen, sucht den Willen Gottes, den vollkommenen Weg usw. Es ist notwendig und richtig, sich auch danach zu erkundigen, wozu er mehr Lust hätte, wozu er sich mehr hingezogen fühlt. Diese innere Neigung, die wir Lust oder Freude nennen, faßt die lebenswichtigen Faktoren zusammen und zeigt die Summe der inneren Bestrebungen; deshalb können wir sie als den Ausdruck des Willens Gottes erkennen, falls sie auch die erhabeneren Wünsche einschließt und nicht nur niedrigere Empfindungen, wie die Bequemlichkeit und die Faulheit. Letzten Endes ist diese Veranlagung, die wir Lust nennen, der Ausdruck aller unserer Neigungen und Überlegungen. Ihr gehört das letzte Wort vor einem verantwortlichen Entschluß. Es ist sehr vorteilhaft, nach ihr zu fragen und ihr Bedeutsamkeit beizumessen, damit sie offenbar wird. Wozu wir Lust haben, gibt unserem Entschluß die Sicherheit und verstärkt das Gefühl der Freiheit.

Durch die Anwendung der Vorstellungskraft läßt sich eine ähnliche Hilfe bieten. Wer wegen zweier Möglichkeiten mit sich kämpft, dem rate ich, eine der beiden zu wählen und sich tagelang in diese hineinzuleben. Er soll seine Phantasie frei wandeln lassen und sich einbilden, sich schon entschlossen zu haben. Er soll sich sogar in Einzelheiten einlassen. Wenn er z. B. entscheiden muß, ob er ins Ausland gehen soll oder nicht, kann er sich vorstellen, den Antrag schon angenommen zu haben. Er soll darüber nachdenken, was seine Frau dazu sagt, wie sie beide ihr Haus verkaufen oder darüber verfügen können. Es ist auch gut, sich den Abschied von den Eltern und seinen Freunden vorzustellen. Wie wird er Tag für Tag die Sprache des neuen Landes sprechen können, wie wird er unter den neuen Umständen leben, wird er zufrieden sein? Wie wird sein neues Haus sein, seine Beziehungen? Was für neue Freunde wird er finden, oder wird er wehmütige Empfindungen haben? Nach einer Zeit soll er sich darüber Rechenschaft geben, ob ihm alles zusagt, ihn zufriedenstellt und in ihm ein angenehmes Gefühl erweckt. Er wird erkennen, wie sich sein Gefühlsleben in dieser Hinsicht entfaltet hat. Auf dieselbe Weise kann er sich auch die andere Alternative vorstellen. Wie werden sich seine zukünftigen Verhältnisse gestalten? usw. Zuletzt soll er seine Empfindungen für beide Fälle vergleichen und feststellen, welche Lösung ihn glücklicher machen, ihm mehr Frieden bedeuten würde und deswegen entsprechender wäre. Diese Vorstellung kann die Motive, die im Spiel sind, klären, herauskristallisieren und bewußtmachen.

Wer eine schwere Entscheidung zu treffen hat, versinkt ganz in sich. Ihm davon zu sprechen, wie es einem selbst ergangen ist, wäre ein ganz unangebrachter Eingriff in den Vorgang seines Entschlusses. Für ein persönliches Bekenntnis ist auch nicht der richtige Moment. Die einzig passende Frage könnte sein, wie ihm mit den Alternativen zumute ist, wenn er sich in die Gegenwart Gottes stellt.

Was in der Stille geschieht

Bevor ich dieses Kapitel beende, möchte ich noch über die Stille, das Schweigen, einige Worte sagen. Sie ist in einem Gespräch ein wesentlicher Augenblick. Bei einer intensiven inneren Arbeit ist die Stille unerläßlich. Der Heiligen Schrift ist sie wohlbekannt. Die Wüste ist ihr typischer Ort und auch ihr Symbol. In der christlichen Offenbarung ist die Wüste mit den großen inneren Umstellungen eng verbunden: mit der Bekehrung und mit dem Empfang einer göttlichen Sendung. Der heilige Johannes der Täufer ruft in der Wüste am Toten Meer zur Buße auf. Mose erhält seine Sendung in der Wüste Sinai, und Jesus zieht sich zwischen der Offenbarung und der Verwirklichung seiner Sendung vierzig Tage lang in die Wüste zurück. All dies vollzieht sich in tiefer Stille, im Schweigen der vollkommenen Einsamkeit. Wir wollen uns jetzt mit der Stille, der Pause befassen, die sich während eines Gespräches ergibt. Sie ist gleicherweise wesentlich und hat praktisch dieselbe Rolle.

In einem Dialog kann es dreierlei Arten von Schweigen geben. Ein Schweigen, das aus einem Mangel an Kommunikation besteht; ein Schweigen, das Zeichen von Kommunikation ist, und ein Schweigen als Zeichen, daß innerlich etwas im Entstehen ist.

Ich kann mich erinnern, daß während des Krieges die Soldaten sich vor der Stille fürchteten. Das fortwährende Gemurmel der Kanonen und der Maschinengewehre ließ die Stellung und die Absichten des Feindes ganz genau erkennen. Die Stille dagegen verursachte Furcht, weil die Stellungen des Feindes unbekannt blieben und seine Absichten nicht erraten werden konnten. Während eines Gesprächs verursacht ein feindliches Schweigen auch Furcht. Wenn unser Gesprächspartner kein Vertrauen spürt oder keine weitere Auskunft geben will, verschließt er sich in Schweigen, aber er beurteilt innerlich und wird sich bei anderen äußern.

Das Schweigen aus Mangel an Kommunikation kann im besten Fall durch die peinliche Unfähigkeit, sich zu äußern, verursacht werden. Da es die menschlichen Beziehungen beeinträchtigt, ist es immer ungünstig. Ein solches Eis muß gebrochen werden. Die einfachste Lösung ist, die Tatsache zu erwähnen:
– Wir schweigen.

Das enthält kein Urteil, der Grund des Schweigens ist nicht angegeben; es begünstigt aber das Bewußtwerden und ist deshalb in Gruppen, in denen keine Kommunikation besteht, außerordentlich hilfreich. Auch eine lustige Bemerkung – falls sie nicht herausfordernd ist – kann eine gespannte Atmosphäre lösen.

Wenn Kommunikation besteht, bedarf eine Pause keiner Erklärung. Wenn wir uns wohl fühlen und schon alles gesagt haben, was wir mitteilen wollen, wenn es keine Schranken mehr gibt, sondern die Atmosphäre herzlich ist, dann ist auch das Schweigen Kommunikation. Harmonie erfüllt die Umgebung, und die Herzen verbinden sich auch weiter ohne Worte. In diesem Fall ist das Schweigen ein Träger der Liebe.

In einem Gespräch über religiöse Themen, wie auch in jeder anderen menschlichen Verständigung, ist der richtige Einsatz des Schweigens für die innere Verarbeitung besonders wichtig. Die Ehrfurcht für die Person des anderen und das Verständnis verlangen dies. Jedes Nachdenken, ganz besonders wenn es uns selber betrifft, benötigt Momente der Innenschau. Wenn jemandem etwas klar wird, wenn auch das Licht von außen kommt, braucht er Zeit, es zu erwägen, und das bedarf der Stille. In solchen Augenblicken kann jedes Wort den inneren Prozeß stören; es wird überhaupt nicht beachtet oder verursacht Zerstreuung. Die Anwesenheit des anderen ist dagegen nicht indifferent, denn sie begünstigt die innere Verarbeitung. Er beteiligt sich durch ehrfurchtsvolle Begleitung, aber ohne Worte. Sein Schweigen ist wichtig, denn obwohl er wissen möchte, was der andere denkt, darf er die Stille nicht brechen. Wir müssen auf den anderen eingestellt sein, um zu bemerken, was sich in ihm ereignet. Ich meine nicht eine intellektuelle Folgerung; die emotionelle Dimension dessen, der schweigt, muß wahrgenommen werden. Wir müssen intuitiv erfassen, was im anderen vorgeht. Deswegen müssen wir den Bereich unserer Gedanken verlassen und uns in die Welt der anderen Person einfühlen; unsere eigenen Erlebnisse beiseite legen, um uns dem anzunähern, was der innere Prozeß des anderen verlangt; während der andere etwas in sich erarbeitet, müssen wir schweigen. In Gesprächen über religiöse Themen ist es ganz unerläßlich, daß wir uns nicht übereilen, sondern geduldig schweigen.

Für den, der am obigen Gedankengang interessiert ist, möchte ich noch einige Empfehlungen anfügen. Beobachten Sie die Augenblicke des Schweigens in einem Gespräch. Der Rhythmus zügiger Konversationen ist meistens schwungvoll, weil sie gewöhnlich auf intellektueller Ebene geführt werden und sich auf alltägliche Themen beziehen, die keine besondere Verarbeitung verlangen. Gespräche, die das Gemütsleben berühren – das Beileid in einem Todesfall, die Entschuldigung für ein Mißverständnis oder für eine Beleidigung, die Mitteilung von etwas Persönlichem, das uns schwerfällt –, haben meistens einen langsameren Rhythmus. Folgen Sie dem Rhythmus eines religiösen Gespräches. Lernen Sie zu bemerken, ob während einer Stille Ihr Gesprächspartner oder die Gruppe gelangweilt, zerstreut, gespannt ist oder nachdenkt. Während solcher Pausen können Sie den Grad der gegenseitigen Kommunikation abmessen und durch das später Gesagte überprüfen. Wenn eine Ihrer Aussagen oder Fragen den anderen beeindruckt, lassen Sie ihn ohne Unterbrechung schweigen, bis er zu sprechen anfängt. Gespanntes Schweigen können Sie durch eine liebe oder angenehme Äußerung lockern. Sprechen Sie von Gott oder von Jesus Christus nur, wenn der andere geneigt ist zuzuhören. Lernen Sie, ein Klima der Aufnahmebereitschaft zu schaffen und zu beobachten, ob Sie gewohnheitsmäßig empfinden, wann der Gesprächspartner einer Gesprächspause bedarf, um nach innen zu schauen. Die kontemplative Einstellung erweckt sogar dann diese Sensibilität, wenn jemand sehr gesprächig ist.

Der Redner

Der gute Redner und der Prediger stehen in Kommunikation mit ihrer Zuhörerschaft. Diese Verbindung setzt voraus, daß sie sich gegenseitig sehen und der Redner sich an sein Publikum wendet. In den menschlichen Beziehungen gibt es eine geheimnisvolle Empfindsamkeit, die uns spüren läßt, ob eine Kommunikation besteht oder nicht. Aber die Predigt wie auch jeder Vortrag sollten außerdem auch ein Dialog mit der Zuhörerschaft sein, denn auch in diesem besteht das Prinzip, daß sich die Zuhörerschaft erst äußern sollte, bevor der Prediger seine Botschaft verkündet. Deswegen sind einige der Meinung, daß während der Predigt wenigstens auch einige Teilnehmer sprechen sollten. Darüber will ich mich nicht äußern. Aber es gibt eine andere Art, auf welche sich die Zuhörerschaft intensiver ausdrücken kann. Der gute Redner kennt den Pulsschlag seiner Zuhörerschaft, paßt sich an deren Rhythmus an. Er identifiziert sich mit seinem Publikum, erfaßt, errät und erfühlt instinktiv ihre Empfindungen. Das setzt eine Sensibilität voraus für das Drama des Menschenlebens. Er geht in der Welt mit offenen Augen herum und versucht, in die Seelen der Menschen zu schauen. Wenn er predigt, erwähnt er zuerst ihre vermutlichen Erlebnisse und Probleme, als ob er mit ihnen schon gesprochen hätte und er nur ihre Mitteilungen widerspiegeln möchte. Er dramatisiert ihre Probleme so, wie wenn sie sie erzählt hätten, damit sie darin ihre eigene Situation wiedererkennen können. Wenn ein Prediger seine Gläubigen beschimpft, fallen einem jeden die Fehler seiner Umgebung, seiner Verwandten und Bekannten ein, und sie belustigen sich darüber, weil sie durch diese auch schon unangenehm berührt wurden. Wenn wir aber unsere eigenen Erlebnisse geschildert hören und fühlen, daß der Redner von unseren Angelegenheiten, die uns am Herzen liegen, spricht, dann bildet sich eine Kommunikation. Ich habe es immer für eine große Ehre gehalten, wenn mir nach einem Vortrag oder dem Lesen meiner Bücher jemand sagte: „Ich fühle, daß Sie etwas ausgedrückt haben, was in mir lebt. Einiges wurde mir bewußt, was ich schon seit langer Zeit empfinde, aber nie in Worte fassen konnte." Wer sich ausgedrückt und verstanden fühlt, öffnet sich und wird empfänglich. Wenn der Redner das Leben einer kleinen Blume widergespiegelt hat, die in der

Seele seiner Zuhörerschaft wächst, kann er sie auch mit dem Regen des Evangeliums begießen. Es ist nicht von einer Technik oder von einer Ideologie die Rede: es geht nur um eine „alterozentrische", auf die anderen gerichtete Einstellung, eine soziale Sensibilität, welche die Hand auf den Puls der Gläubigen, ihrer Zuhörerschaft oder ihres Gesprächspartners legt. Wenn der Redner seinen Blick statt auf die Erfüllung der Gebote auf die Erlebnisse seiner Zuhörerschaft richtet, wird er für seine Predigten immer Themen finden, wird aber von der Kanzel herab nie tadeln. Er wird auch ein tieferes Verständnis des Evangeliums miterleben, das sich an dieselbe menschliche Existenz richtet, die seine Zuhörerschaft vorlebt. Ich bin überzeugt, daß dieses Verhalten das Geheimnis der großen und authentischen Redner ist.

Sechstes Kapitel
Sensibilität gegenüber der Gruppe

Der christliche Glaube lebt von Gemeinschaft. Die Gläubigen bilden den mystischen Leib, die Kirche. Die christliche Gemeinschaft besteht aus Tausenden von verschiedenen Gruppen. Der Glaube lebt in diesen und wird durch sie verbreitet. Die Gläubigen, die an einer Eucharistiefeier teilnehmen, bilden in jenem Augenblick eine Gruppe. Es gibt Gruppen von Jugendlichen, von Verheirateten, von Religionslehrern usw. Die Priester einer Diözese oder eines Dekanates bilden eine Gruppe, ebenso die Teilnehmer eines Kongresses, von Exerzitien, eines Lagers. Eine Gruppe bildet sich auch dann, wenn auf einem Fest oder einer Party ein paar Gäste sich zu einem interessanten Gespräch zusammenfinden. Wo zwei bis drei Personen miteinander in Verbindung treten, bildet sich eine Gruppe, wenn auch oft nur für kurze Zeit oder aus zeitweiligen oder unbedeutenden Gründen. Während die Beteiligten aber miteinander in Verbindung treten, sind sie den Gesetzen der Gruppendynamik unterworfen. Die Gruppenkommunikation ist für die Mitteilung des Glaubens wesentlich. Wenn in der Gruppe die Beziehungen gut sind und die Gruppe ihrem Ziel gemäß gut funktioniert, bietet sich für die Weitergabe und Mitteilung des Glaubens ein offenes Feld. Wenn aber die Beziehungen in der Gruppe nicht gut laufen, kann der Glaube auch dann nicht mitgeteilt werden, wenn dies das einzige Ziel ist. Deshalb müssen diejenigen, welche den Glauben mitteilen möchten, der Gruppe gegenüber eine ganz besondere Sensibilität entwickeln, um den Stand der Kommunikation wahrzunehmen und dadurch die Aussicht für die Mitteilung des Glaubens abschätzen zu können. Falls die Kommunikation blockiert ist, wäre schon ein Versuch ganz hoffnungslos. Zuerst müssen die Grundlagen, die persönlichen Beziehungen, geändert werden. Im folgenden werde ich meine Erfahrungen in der Gruppenarbeit darstellen, weil sie eine Sensibilität für die Gruppe wecken können.

In derselben Weise, wie die Liebe heilig ist, gibt es etwas Heiliges in den Gruppen. In der Liebe ist Gott gegenwärtig. Für die Liebe mehrerer Personen zueinander ist die Gruppe ein geeigneter Bereich. Die traditionelle Denkart hat das Wesen der Liebe schon oft erläutert, aber meistens war die Liebe zwischen zwei Personen gemeint: dem Bedürftigen ein Glas Wasser zu reichen. Heutzutage versuchen wir den geeigneten Bereich zur Entfaltung der Liebe auch in Gemeinschaft, in Gruppen zu suchen. Das Evangelium veranschaulicht das Endziel der Kirche im himmlischen Gastmahl, einer Gruppe. Unsere endgültige Bestimmung ist demgemäß, in Gemeinschaft zu lieben. Darum kann jedes Erlebnis in einer Gruppe eine Stufe zu dieser heiligen Lebensfülle werden und zur Vorbereitung der Wiederkunft des Herrn beitragen.

Die Bildung des Gruppenbewußtseins

Hören wir drei Katecheten zu, die nach dem Jahresabschluß ihre Arbeit besprechen:

Paul: Dieses Jahr lief die Katechese nicht gut.
Hilde: Aber sei doch kein solcher Pessimist.
Paul: Nein, ich bin kein Pessimist, aber warum sollten wir nicht zugeben, daß wir nicht gut gearbeitet haben?
Hilde: Es geht nicht darum, daß wir uns nicht bemüht hätten, aber wir haben zu spät angefangen.
Heinz: Das Problem ist nicht, daß wir zu spät angefangen haben, sondern daß weniger Katecheten waren.
Hilde: Nicht die Anzahl der Katecheten war der Grund, sondern die Abwesenheit von Maria und Josef, die uns mit ihrem guten Humor stets ermutigt haben.

Paul: Du denkst, daß wir ohne Maria und Josef nicht Religion unterrichten können. Das ist deine fixe Idee.
Hilde: Du willst nicht anerkennen, daß Maria und Josef die Gruppe sehr inspiriert haben.
Paul: Schon gut, aber eigentlich hat jeder von uns mehr Kinder betreuen müssen; die Gruppen waren größer, das gibt mehr Arbeit.
Heinz: Ja, das ist ganz klar, aber ich habe das im voraus gesagt und ihr habt mir nicht geglaubt. Endlich seht ihr das ein.
Hilde: Das ist richtig, aber sogar mit mehr Kindern wäre es besser gegangen, wenn wir uns untereinander besser verständigt hätten.
Heinz: Das habe ich schon zum Halbjahr gesagt, aber euere Ohren waren taub.

In diesem Gespräch herrscht zwischen den Teilnehmern eine starke Opposition. Keiner nimmt die Aussage des anderen an, sondern er widerlegt sie. Sie bauen nicht gemeinsam, legen die Ziegelsteine nicht aufeinander, sondern jeder wirft den Stein, den der andere gelegt hat, weg und ersetzt ihn mit seinem eigenen. Sie beurteilen sich gegenseitig:
– Sei doch kein Pessimist.
– Du denkst, daß wir ohne Maria und Josef nicht Religion unterrichten können ...
– Du willst nicht anerkennen ...
Sie machen sich Vorwürfe:
– Ja, das ist ganz klar, ich habe das im voraus gesagt ...
Einige Sätze beginnen mit einer Verneinung:
– Nein, denn ...
– Das Problem ist nicht ...
– Es geht nicht darum ...
– Aber sei doch kein Pessimist ...
– Nein, ich bin kein Pessimist ...

Andere fangen mit einer scheinbaren Zustimmung an: „Ja ... aber ..." Die Bedeutung des „Ja ... aber ..." ist zweifellos: „Ja, was du sagst, ist ganz richtig, aber ganz belanglos. Eigentlich hast du nicht das Richtige getroffen, denn das Problem liegt anderswo. Was ich sage, ist eigentlich das Richtige."

Wenn wir die gegenseitige Beziehung der Teilnehmer untersuchen, erkennen wir, daß jeder der Meinung ist, er wisse alles am besten, und sich deshalb berechtigt fühlt, die Behauptung des anderen abzulehnen. Jeder fühlt sich als Meister, keiner will lernen. Die Meinungen stoßen sich, weil jeder die Erklärung des anderen als ein Hindernis, als eine Gefahr ansieht oder für einen Irrtum hält, der bekämpft werden muß. Alle geben ihre Stellungnahme mit einer absoluten Sicherheit ab. Sie denken an die Sache, nicht aber an die Personen. Eigentlich denken sie nur an sich selber, an ihre eigene Überzeugung.

Was kann man mit einer solchen Gruppe anfangen? Die Teilnehmer sollten lernen, das besprochene Thema und ihre Beziehung zueinander gleichzeitig im Auge zu behalten. Wenn sie sprechen, beleidigen sie, richten und widersprechen einander, ohne sich darum zu kümmern, ob dadurch jemand gekränkt wird, denn jeder lebt in seiner eigenen Welt und bemerkt nicht, was in der Gruppe vorgeht. Eine Auswertung erweckt die Sensibilität für den Gruppenprozeß. Nach einem solchen Gespräch sollten die Teilnehmer deshalb mit einer Auswertung ihr Verhalten überprüfen. Sie würde ihnen helfen, ihre Unfähigkeit zu einem Gedankenaustausch mit anderen zu entdecken.

Eine Auswertung kann der Gruppe zeigen, wie die Mitglieder sich gegenseitig anhören sollten. In der angeführten Besprechung hat jeder dem anderen gegenüber eine negative Einstellung. Sie müssen bemerken, daß ein solches Gespräch keinen Sinn hat. Sie müssen sich gegenseitig anhören und die Mitteilungen widerspiegeln. Sogar wenn in der Thematik kein Fortschritt zustande kommt, ist eine solche Phase sehr konstruktiv. Erst danach werden sie das Thema objektiv besprechen können, z. B. die Überprüfung ihres Religionsunterrichtes. Eine Besprechung kann sich nicht richtig entfalten, wenn die Teilnehmer einander nicht gewogen sind oder wenn sie nicht wenigstens parallel zum Thema ihre gegenseitige Beziehung vor Augen haben. Stellen wir uns jetzt das oben angeführte Gespräch folgendermaßen vor:

Paul: Dieses Jahr lief die Katechese nicht gut.
Hilde: Wahrlich, wir haben Schwierigkeiten gehabt.
Heinz: Der Verlauf hat mich auch nicht zufriedengestellt.
Paul: Wir sollten die Sache überprüfen.
Hilde: Ja, wir sollten untersuchen, was eigentlich gelaufen ist.
Paul: Das könnte uns fürs nächste Jahr eine Erfahrung liefern.
Heinz: Ich habe den Eindruck, daß die Verhältnisse dieses Jahr ziemlich ungünstig waren.
Hilde: Ja, wir haben recht spät angefangen.
Heinz: Ja, die Zeit ist sehr schnell vergangen, und wir haben die Tatsache zu spät bemerkt.
Paul: Außerdem sind auch mehr Kinder zum Unterricht gekommen als voriges Jahr.
Hilde: Und gerade heuer waren wir weniger Katecheten.
Heinz: Ja, einige unserer Gefährten haben uns verlassen.
Hilde: Die Abwesenheit von Maria und Josef haben wir sehr zu spüren bekommen, sie haben ja die Atmosphäre immer aufgelockert.
Paul: Es hat ihnen an Initiative nie gefehlt.
Hilde: Richtig. Zwischen uns war auch keine gute Kommunikation.
Heinz: Das haben wir eigentlich erst nach einem halben Jahr wahrgenommen.
Hilde: Das ist wahr. Wir haben erst im Februar davon gesprochen.

Paul: So ist es. Unsere eigenen Probleme haben uns zu sehr in Anspruch genommen.

Heinz: Da die Gruppen zahlreicher waren, haben wir immer mehr Schwierigkeiten mit ihnen gehabt.

Dieses Gespräch bezieht sich auf dieselben Tatsachen, aber in einer ganz anderen Atmosphäre. Die gegenseitige Beziehung der Teilnehmer ist gut. Jeder nimmt die Aussagen der anderen an und erwähnt einen neuen Punkt, der den Umstand erklärt, bestätigt oder beweist und das Gesagte ergänzt. Sie legen Stein auf Stein, um gemeinsam die Fakten zu rekonstruieren. Sie verständigen sich untereinander, teilen ihren Gesichtspunkt mit und bereichern sich gegenseitig.

In diesen zwei Beispielen gab es eigentlich keine Meinungsverschiedenheit. Besteht eine Differenz in den Ansichten, dann muß noch ein anderes Element berücksichtigt werden. Niemand unter uns Menschen besitzt die absolute Wahrheit. Gott allein ist die Wahrheit. Wirklichkeit gibt es nur eine, aber dieser können wir uns von verschiedenen Seiten nähern. Sogar einen Hügel können wir uns nicht vorstellen, ohne ihn von einer bestimmten Richtung zu sehen. Der eine betrachtet ihn von vorne, der andere von der Seite, der dritte vielleicht von einem Flugzeug oder einem Hubschrauber aus. Jeder formt sich ein anderes Bild. Wer vergißt, daß er etwas nur von einem bestimmten Standpunkt aus sieht, wird apodiktische Behauptungen machen, weil er sich seine Ansicht als die einzig mögliche vorstellt. Wer von vorne kommt, kann einen Hain, der hinter dem Hügel steht, nicht bemerken und wird behaupten, daß dort kein Wäldchen ist. Wer aber den Hügel von hinten sieht, behauptet das Gegenteil, und sie geraten in einen scheinbar unlösbaren Streit, wenn nicht einer die Relativität seines Standpunktes demütig anerkennt.

Es gibt nur eine Wirklichkeit, aber sie kann von verschiedenen Standpunkten aus betrachtet werden. Damit wir uns der Wirklichkeit besser nähern können, müssen wir unsere Kenntnisse stets vervollständigen und zusammenfassen. Jeder von uns besitzt einen Teil der Wahrheit, und wir können immer etwas dazulernen. Sogar wenn jemand alles wüßte – setzen wir das einmal voraus, obwohl es unmöglich ist –, ist es nützlich, daß er, während sein Gesprächspartner sucht und lernt, diesem die Gelegenheit gibt, seines eigenen Standpunkts sich bewußt zu werden.

Damit haben wir einen Punkt berührt, den ich nur im Laufe langer Jahre erkannt und mir angeeignet habe. Es wurde mir oft vorgeworfen, daß meine Behauptungen zu kategorisch seien, was mir überhaupt nicht bewußt war. Innerlich war ich überzeugt, daß meine Behauptungen relativ seien und daß ich immer nur meinen eigenen Standpunkt äußere. Nach außen aber wirkten meine Äußerungen vereinfachend und absolut: „Das ist so" oder „in diesem Fall steht die Sache so". Wenn ich gefragt wurde, gab ich die Relativität meiner Behauptung sofort zu, aber in Gesprächen machten meine Äußerungen einen bestimmten und keinen Widerspruch duldenden Eindruck. Endlich erkannte ich den Grund dafür. Wenn mehrere Personen etwas besprechen und eine äußert ihre Meinung sehr kategorisch, dann fühlen sich die anderen gehemmt. Sie meinen, daß sie nichts mehr zu sagen hätten, da alles schon gesagt sei, und dazu noch auf sehr bestimmte Weise. Ich merkte, daß eine Behauptung, die mit Entschiedenheit und kategorisch vorgetragen wird, den anderen die Freiheit nimmt, ihre noch unsicheren Meinungen zu äußern, die dazu bestimmt wären, eine Interpretation des fraglichen Themas zu versuchen. Indem sie diese Meinungen in die Diskussion werfen, bilden sie sich selber eine Ansicht über den Gesprächsgegenstand.

Statt die Freiheit der anderen zu hemmen, muß man sie in einem Gespräch eher fördern. Es muß dafür gesorgt werden, daß der andere zum Nachdenken kommt und jene Aspekte in die Diskussion bringt, die noch nicht zur Sprache gekommen sind. Deshalb muß stets unterstrichen werden, daß die eigene Meinung nur ein Versuch ist, eine bestimmte Angelegenheit zu lösen, und daß auch andere Ansichten gehört werden sollen. Wenn die Diskussion über ein bestimmtes Thema in Gang gekommen ist und jeder seine Ideen dazu beizutragen versucht, ist es gut, das Vorläufige der eigenen Meinung etwa so zum Ausdruck zu bringen: „Ich neige zur Ansicht ...", oder „Es scheint mir, daß ...", „Wahrscheinlich ..." oder „Ich glaube, aber ich bin nicht sicher ...". Man kann auch ganz deutlich fragen: „Was meinen Sie dazu?" Wenn es sich um den Glauben handelt, braucht man die Sicherheit der eigenen Überzeugung nicht abzuschwächen. Es liegt in der Natur eines Zeugnisses, daß es nicht allgemeingültig sein will und so die Freiheit der anderen nicht beschneidet.

Das auf diese Weise geführte Gespräch gehört zur Grundlage, welche die Vermittlung des Glaubens ermöglicht. Wie oft wird über religiöse Themen bitter gestritten: die Sakramente, seelsorgerisches Verhalten, kirchliche Anordnungen, die Art und Weise der apostolischen Tätigkeit oder die Erneuerung der Liturgie und der Strukturen. Die kämpferische Diskussion mit denen, die sich hinter ihre vermeintliche Wahrheit verschanzen, die ihre Überlegenheit bezeugen wollen und den anderen gegenüber ihre Ohren verschließen, zerstört das religiöse Klima. In einer solchen Umgebung schweigt der Herr. Die guten menschlichen Beziehungen sind dagegen wie ein Flußbett, in dem das Wasser fließen kann; sie sind unbedingt notwendig, um den Glauben mitzuteilen.

Vor einigen Jahren hatten wir an der Universität, wo ich unterrichtete, im Lehrkörper der Professoren Verständigungsschwierigkeiten. Damals begann man, von Kursen der Gruppendynamik zu reden. Ein sachverständiger Professor wurde eingeladen, um uns in diese Methode einzuführen und dadurch die Gruppe der Professoren auf den rechten Weg zu bringen. Ungefähr fünfzehn Professoren nahmen an dem Kurs teil. In der Einleitung erklärte der beauftragte Professor seinen Plan und daß er im Hinblick auf die Sensibilisierung der Gruppe einige praktische Übungen vorschlagen werde. Zuerst hatte er die Absicht, uns mit einer kurzgefaßten Theorie der Gruppendynamik bekannt zu machen. Er ließ uns die Wahl zwischen zwei verschiedenen Weisen, diese grundlegenden Prinzipien vorzutragen. Er sagte, die erste Weise sei konkret und gehe von der Beobachtung der Erfahrungen aus; die zweite sei eher theoretisch und systematisch. Er bat uns, eine Gruppe von fünfzehn Professoren, die Wahl zu treffen. Er fügte noch hinzu, daß der Unterschied eigentlich nicht groß sei. Danach schwieg er, und wir versuchten, einen Beschluß zu fassen. Wir konnten uns aber nicht einigen. Einige wählten die erste Art und wollten um keinen Preis nachgeben; andere hatten die entgegengesetzte Meinung. Ein Vorschlag der Vermittlung wurde von beiden Seiten zurückgewiesen. Die Auseinandersetzung dauerte eine ganze Stunde lang. Ich schämte mich sehr. Der Professor war nicht beunruhigt. Ich erwartete, daß er dazwischentrete und uns zu einem Beschluß verhelfe, aber er blieb wie eine Statue, mit unbeweglichen Zügen, ganz ruhig, obwohl er sehr aufmerksam war. Nach eineinhalb Stunden ergriff er das Wort und erklärte, was sich in der Gruppe ereignet hatte. Er wiederholte die Äußerungen eines jeden und wies einzeln darauf hin, welches Verhalten gegenüber der Gruppe sich dahinter verbarg. Einige hatten sich in ihre Meinung vollkommen versteift, ohne in einen Kompromiß einzuwilligen. Andere schwiegen die ganze Zeit. Ein Teilnehmer hatte eine Pause dazu benützt, aufzustehen und zu verschwinden. Ohne Einzelheiten auszulassen, schilderte der Professor den Prozeß und erklärte die Bedeutung unseres Verhaltens für die Arbeit der Gruppe. Unsere Besprechung war völlig gescheitert, aber der Kommentar des Professors leuchtete mir ein. Eine neue Welt öffnete sich mir, denn ich erkannte den Wert der Beziehungen in einer Gruppe. Während der Besprechung war ich ganz in den Ablauf der Entscheidungsfindung vertieft. Der Professor hingegen wies darauf hin, was in dieser Zeit zwischen uns vorgegangen war. Während wir über die Beweggründe und Argumente der Entscheidung diskutierten, interessierten ihn nur unsere gegenseitigen Beziehungen. Für mich bedeutete das eine wesentliche Belehrung. Aber noch Beschämenderes folgte. In der folgenden Woche wiederholte sich alles. Der Professor bat uns, mit der Entscheidung fortzufahren. Wir machten uns wieder an die Arbeit, aber der Verlauf der Zusammenkunft war wieder schwierig und ohne positives Resultat. Die Situation war grotesk, denn es war ganz unsinnig, wegen einer solchen bedeutungslosen Entscheidung soviel Zeit zu verlieren. Der Professor war nicht aufgebracht. Im Gegenteil, wir hatten ihm genügend Material zur Verfügung gestellt. Er konnte den qualvollen, aber aufschlußreichen Verlauf noch einmal analysieren. Ich habe dadurch viel gelernt. Es ist schwer einzugestehen – denn es ist ganz unglaublich –, aber in den fünf folgenden Zusammenkünften geschah dasselbe. Wir waren schon ganz verzweifelt. Einige von uns waren bereit, jede beliebige Alternative anzunehmen, um diese unbeugsame Opposition zu beenden. Es war unmöglich. Nach der sechsten Zusammenkunft beendete der Professor den Kurs. Ich hatte verstanden, wann eine Gruppe scheitern und bis zu welchem Grad das Gruppenbewußtsein fehlen kann. Ich hatte auch gelernt, die Beziehungen der Teilnehmer zu beobachten, während sie mit ihrer Aufgabe und dem Abhandeln ihres Themas beschäftigt waren. Nach diesem ersten Schritt habe ich auch die Tätigkeit anderer Gruppen beobachtet. Ich erkannte, wie wichtig die Überprüfung des Verhaltens der Gruppe ist, die wir gewöhnlich als Auswertung bezeichnen. Sie schafft ein Bewußtsein für die Vorgänge in der Gruppe, bildet eine Sensibilität gegenüber der Gruppe heraus und ist eigentlich die einzige Garantie dafür, daß die Gruppe gut läuft und imstande ist, ihre eigenen Fehler zu korrigieren.

Wenn sich eine Gruppe während einer Zusammenkunft nicht richtig verhält, werden diese Probleme immer wieder auftauchen. Innerhalb eines halben Jahres entsteht Unzufriedenheit, Kritik wird geübt, und wahrscheinlich löst die Gruppe sich auf. Wenn sie schon im Verlauf von drei Monaten ihre Fehler bemerkt, hat sie Zeit, sich zu ändern, und wird vermutlich weiterbestehen. Wenn die Teilnehmer noch sensibler sind und schon nach der ersten Zusammenkunft jemand eine Auswertung vorschlägt, dann geht nur eine einzige Zusammenkunft verloren. Es kann sogar vorkommen, daß jemand den Fehler mit klarer Einsicht binnen fünf Minuten wahrnimmt und die Gruppe unverzüglich reagiert. Die wirkungsvolle Tätigkeit der Gruppe hängt von ihrer Sensibilität ab; wenn alle Teilnehmer genügend Sensibilität besitzen, ergeben sich keine Schwierigkeiten.

Durch die Auswertung überprüft die Gruppe ihr Funktionieren und entwickelt ein Gemeinschaftsgefühl, wodurch sie die Beziehungen im Gleichgewicht hält.

Ich erinnere mich an eine Gruppe, die einmal monatlich zusammenkam, aber es vergingen sechs Jahre, ohne daß die Mitglieder in eine Auswertung eingewilligt hätten. Aus ganz besonderen Umständen löste sie sich nicht auf, ihre Tätigkeit war zufriedenstellend, aber die wechselseitigen Beziehungen wurden eigentlich nie geklärt und deshalb blieb die Kommunikation nur oberflächlich. Nach außen gab es allerlei Gerede und Kritik. Das ist charakteristisch, wenn die Vorgänge in der Gruppe nicht während der Zusammenkunft besprochen werden, dann wird die Kritik außerhalb der Gruppe geübt, hinter dem Rücken der Beteiligten; die gegenseitige Beziehung ist nicht aufrichtig; viel Energie geht verloren, um die fortwährenden Spannungen auszuhalten. Die offenbare Unzufriedenheit der Gruppe ist ein geeignetes Motiv, die Auswertung zu befürworten, falls sie grundsätzlich abgelehnt wurde.

Die Auswertung ist ein sehr einfaches Verfahren. Am Schluß der Zusammenkunft gibt die Gruppe ihre Zustimmung. Mit unerfahrenen Gruppen und wenn Schwierigkeiten vorhanden sind, ist es sehr ratsam, nach jeder Zusammenkunft eine Auswertung zu machen.

Bei der Auswertung ist das wesentliche Prinzip, daß von dem behandelten Thema keine Rede sein darf, sondern nur die Vorgänge während der Zusammenkunft besprochen werden. Das ist ganz selbstverständlich, wenn die Teilnehmer Interesse und Erfahrung damit haben. Wenn noch kein Gruppenbewußtsein besteht, wird immer wieder das Thema ins Gespräch gebracht. Das weist darauf hin, daß die Gruppe während der Zusammenkunft die Vorgänge nicht aufmerksam verfolgt hat, weil die Teilnehmer noch keine Sensibilität für den Gruppenprozeß besitzen.

Meistens leite ich die Auswertung mit zwei Fragen ein: „Wie hat sich ein jeder persönlich während der Sitzung gefühlt?" und „Was ist in der Gruppe geschehen?" Die erste Frage bezieht sich auf das persönliche Erlebnis, die zweite richtet den Blick auf die Gemeinschaft.

Die erste Frage ist wichtig, damit jeder seine Einbindung in die Gruppe ausdrückt. Das Wohlbefinden oder die Unzufriedenheit muß zum Ausdruck kommen. Warum hat er sich nicht wohl gefühlt? Was hat ihm nicht gefallen? Die ganze Gruppe freut sich, wenn sich jemand zugehörig fühlt. Dieses Gefühl stärkt die Gemeinschaft und ist ein wertvolles Element des Gruppenbewußtseins. Die Äußerung der Unzufriedenheit samt ihren Gründen ist gleichermaßen wichtig. Sie ist ein Anzeichen, daß etwas nicht gut läuft, sie öffnet die Augen und führt zur Erkenntnis der Fehler. Der Grund kann zwar nur ein persönliches Problem sein, aber die Gruppe muß die Tatsache erkennen, daß sich jemand nicht zugehörig fühlt und unzufrieden ist. In neu gebildeten Gruppen kommt es oft vor, daß jemand während der ganzen Zusammenkunft kein Wort spricht. Dieses Schweigen erweckt ein bedrohliches Gefühl. Die Gruppe weiß nicht, was der Betreffende denkt. Er kann damit Unzufriedenheit und mißbilligende Gefühle verbergen, kann aber auch die Absicht haben mitzuarbeiten, ist aber noch zu schüchtern.

Erkennen zu können, wie sich ein jeder zugehörig fühlt, gibt im allgemeinen der Gruppe eine große Sicherheit, stärkt die gegenseitigen Beziehungen, fördert das Gefühl der Zusammengehörigkeit und macht die Beschwerden oder das Unbehagen einzelner zum gemeinsamen Anliegen.

Die zweite Frage bezieht sich auf die Gruppe. Sie ist eine an alle gerichtete Einladung, die Verantwortung für den Gruppenprozeß auf sich zu nehmen, denn diese wird sehr leicht auf den Leiter übertragen. In wenig erfahrenen Gruppen ist es sehr schwer, hinreichend klare Beurteilungen zu erhalten. Deshalb erkundige ich mich meistens nach den wichtigen Ereignissen der Zusammenkunft: ob Fortschritte gemacht wurden und ob die Zusammenkunft erfolgreicher war als sonst. Ich frage auch danach, ob die Stimmung herzlich war und ob verborgene Spannungen oder andere Schwierigkeiten wahrgenommen wurden. Solche gelegentlichen Fragen beabsichtigen, die Äußerungen zu erleichtern, ohne die Antworten im voraus festzulegen.

Die wenig erfahrenen Gruppen bitte ich zuerst, daß alle in der Auswertung die zwei grundlegenden Fragen beantworten. Infolgedessen hat jeder die Gelegenheit, zu sprechen und – mit dem am Anfang des Buches beschriebenen Ernst – die anderen anzuhören. Mit Gruppen, die schon mehr Sensibilität entwickelt haben, ist die Auswertung spontaner, interessanter und angenehmer. Man kann immer etwas dazulernen. Der Andeutung der Gefühle folgt meist ein ruhiges und ermutigendes Gespräch, das auf die Gemeinschaft wohltuend wirkt. Eine Gruppe, die richtig läuft und zur Kommunikation bereit ist, fürchtet sich nicht vor der Auswertung: denn diese fördert die Beziehungen, stärkt das Gefühl der Einheit, entfaltet das Verständnis füreinander und hilft, die eingestandenen Schwächen anzunehmen; so schafft sie ein Klima des Verstehens. Dieser Vorgang bedeutet, das Leben miteinander zu teilen, und ist dementsprechend auch geeignet, den Glauben mitzuteilen.

Das Ziel

Vor einigen Jahren wurde ich eingeladen, für Priester und Seminaristen geistliche Exerzitien zu leiten. Der Verantwortliche, der mich eingeladen hatte, teilte mir mit, daß die Gruppe von ungefähr dreißig Personen der Methode des heiligen Ignatius folgen möchte. Er erklärte, daß sie zu diesem Zweck jährlich einmal zusammenkommen. Während der letzten Male hatten sie sich statt der Exerzitien mit dem „aggiornamento" befaßt, um die Reformen des zweiten Vatikanischen Konzils kennenzulernen und sich umzustellen. Deswegen – sagte er – möchten nun alle zu den ignatianischen Exerzitien zurückkehren. Am ersten Abend erklärte ich der ganzen Gruppe, daß ich mich ihnen zur Verfügung stelle und ihrem Wunsch gemäß – den der Superior mir zur Kenntnis gebracht hatte – die Exerzitien sehr gern nach der Methode des heiligen Ignatius leiten werde. Sie stimmten zu. Anfangs war alles in Ordnung, aber am dritten Tag bemerkte ich eine Unzufriedenheit und hörte gelegentlich Bemerkungen.

Es wurde mir zur Kenntnis gebracht, daß einige der vereinbarten Methode nicht folgen möchten. Nachdem ich mich über die Klagen vergewissert hatte, rief ich die Gruppe zusammen und erkundigte mich, was eigentlich geschehen sei. Ich erinnerte sie daran, daß ich mich meiner Absicht gemäß ihnen zur Verfügung gestellt hatte, daß diese Methode ihrem Wunsch gemäß vorgeschlagen wurde und sie den Plan am ersten Abend genehmigt hatten. Ich erklärte, daß ich bereit sei, das Verfahren zu ändern. Es stellte sich heraus, daß niemand die Exerzitien auf die bisherige Weise fortsetzen wollte. Ich bestand darauf, daß jeder seinen Wunsch offenbare. Binnen kurzer Zeit hatten wir den Verlauf der Exerzitien umorganisiert. Im weiteren verging alles ohne Schwierigkeiten, und sie erfreuten sich einer echten geistlichen Erneuerung.

Dieses Erlebnis ließ mich erkennen, welche wichtige

Funktion das Ziel für eine Gruppe hat. Der verantwortliche Superior, der mich eingeladen hatte, hatte es nicht verstanden, die Vorstellungen der Teilnehmer richtig zu deuten. Die Methode des heiligen Ignatius anzuwenden war sein Wunsch, aber – wie er es mir später erklärte – er wollte sie ihnen nicht aufzwingen. Deswegen hatte ich mich bezüglich der wirklichen Absicht der Gruppe geirrt. Am ersten Abend hatte ich ganz selbstverständlich das angebliche Ziel erwähnt. Die Gruppe hatte – ohne ihre Meinungsverschiedenheit einzugestehen – meinen Vorschlag angenommen. Es kann sein, daß die Teilnehmer sich deshalb nicht trauten, ihre eigene Absicht zu offenbaren, weil ich mich zu kategorisch geäußert hatte. Es ist aber auch möglich, daß sie die Bedeutung der Klärung falsch einschätzten oder nicht genau wußten, was sie wünschten. Es ist auch nicht ausgeschlossen, daß sie grundsätzlich dem Wunsch des Vorgesetzten folgen wollten; dieser stimmte aber mit ihrem eigentlichen Wunsch nicht überein. Auf jeden Fall ist es ein Beispiel, in dem die Arbeit begonnen wurde, ohne daß das Ziel der Gruppe genügend geklärt war.

Die Gruppenmitglieder müssen gleich am Anfang das Ziel der Gruppe einvernehmlich bestimmen: was sie suchen, was sie erreichen möchten und wozu jeder sich verpflichtet. Die Gruppe gleicht einer Person. Sie muß wissen, was sie vorhat. Wenn sie das nicht weiß, wird sie verwirrt und ihre Tätigkeit wird planlos oder sie leidet unter Spannungen. Das Ziel der Gruppe ist das, wofür sich alle gemeinsam bemühen. Was sind ihre Erwartungen? Was wollen sie erreichen? Die Antwort auf diese Frage weist auf das Ziel hin, das in der Definition der Gruppe ein wesentlicher Faktor ist. Denn jede Gruppe ist eine Gemeinschaft von Personen mit einem gemeinsamen Ziel. Der Staat ist die Gemeinschaft der Bürger zur Sorge für das Allgemeinwohl. Das Endziel der Kirche ist das himmlische Gastmahl: das geistliche und endgültige Wohl aller. Es gibt Gemeinschaften mit dem Ziel des Gewinnes. Er treibt all ihre Tätigkeit. Die Festlegung des

Zieles muß der Ausgangspunkt jeder Gruppenarbeit sein, denn sie lenkt jede spätere Tätigkeit. Wenn Anzeichen auf eine Störung hinweisen, muß die Frage nach dem Ziel der Gruppe immer wieder gestellt werden. Im oben angegebenen Beispiel hatte die Gruppe am Anfang ihren Wunsch nicht offen kundgetan, wodurch die Schwierigkeiten entstanden. Diesem Mangel konnte nur dadurch abgeholfen werden, daß die Absicht eines jeden geklärt und das wirkliche Ziel der Gruppe ins Auge gefaßt wurde.

Das Ziel jeder Gruppe besteht aus zwei Faktoren: einerseits dem, worüber sie sich geeinigt haben und was sie gemeinsam erreichen möchten; andererseits dem, was jeder tatsächlich sucht. Die zwei Absichten stimmen nicht immer überein. Die Erarbeitung des Endzieles besteht darin, daß zuerst jeder Teilnehmer seine Erwartung kundgibt und dann ein für alle annehmbarer gemeinsamer Nenner gefunden wird. Das Selbstbild der Gruppe muß mit den in ihr wirkenden Kräften in Harmonie sein. Die Strategie darf nicht alles im voraus bestimmen und dann die anderen zwingen, sich daran zu halten, sondern muß dazu beitragen, daß die wirklichen Absichten zutage treten und die Gruppe sich ihrer eigenen Realität bewußt wird. Nehmen wir an, daß Jugendliche eine Gruppe bilden, um Religion zu unterrichten. Ihre Vorstellungen sind ein bißchen verschieden. Der eine will sich mit der Katechese befassen, weil er durch den Kontakt mit den Kindern seine menschliche Entwicklung und seine Lehrfähigkeit fördern möchte. Der andere erhofft eine geistliche Ausbildung, um seinen Glauben zu vertiefen. Der dritte sucht nur Freundschaft mit seinen Altersgenossen. Ein anderer kommt, um seine Braut zu begleiten, die von dem Wunsch getragen ist, sich an der Arbeit der Kirche zu beteiligen. Der nächste nimmt nur darum teil, weil er seinen Mitmenschen einen Dienst leisten will. Einem anderen wurde zugeredet und er traute sich nicht, die Aufforderung abzulehnen. Anfangs kann sich die Gruppe bewähren, weil sie ein gemeinsames Ziel hat, aber später können die individuellen Unterschiede Spannungen verursachen. Wer eine geistliche Entwicklung sucht, wird sich nach einer gründlicheren Vorbereitung sehnen. Ein anderer wird einen intensiven Meinungsaustausch erwarten. Wer nur seiner Braut zuliebe kommt, wird früher oder später aus Mangel an Motivation unwillig werden.

In einem solchen Fall ist es nicht notwendig, daß alle von derselben Absicht beseelt sind, sondern daß man der unbewußten Unterschiede gewahr wird, die Realität der Lage in Betracht zieht und eine minimale Zusammenarbeit herbeiführt. Das läßt sich nur erreichen, wenn man den Grad des Zusammengehörigkeitsgefühls der Gruppe erkennt. Man darf von niemandem etwas verlangen, was er nicht beitragen kann oder will. Die ihrer Realität bewußte Gruppe ist ebenso gesund wie eine Person, deren Selbstbild mit ihrem wirklichen Leben übereinstimmt.

Das einmal gesetzte Ziel kann sich ändern. Ein verheirateter Mann kann zum Beispiel eine Freundschaft mit seiner Sekretärin eingehen. Dadurch erleidet die Erwartung seiner Familie gegenüber einen tiefgehenden Wandel. Die Hoffnung, die er auf sie gesetzt hat, schwindet merklich. Seine Kinder werden ihm unerträglich, und er leidet an einem beträchtlichen Unbehagen. Die Familie leidet unter seiner Beziehung. Dies ist vielleicht ein ungewöhnliches Beispiel, aber es veranschaulicht ganz genau, was in jeder Gruppe vorkommen kann, wenn sich die Interessen eines Teilnehmers ändern. Eine solche Änderung schwächt das Zusammengehörigkeitsgefühl der Gruppe beträchtlich. Deswegen ist es nötig, das Ausmaß des Zusammenhalts in einer Gruppe stets richtig zu erspüren.

Auch die Messe am Sonntag ist eine Gruppenveranstaltung. Der eine kommt, weil er einer Vorschrift genügen will. Dies ist sein Ziel. Seine Begeisterung und sein Mittun sind davon bestimmt. Wer gekommen ist, um eine gute Predigt zu hören, und die Worte des Priesters sind nur mittelmäßig, wird unzufrieden sein. Einem anderen geht es um das Lob

Gottes. Er nimmt auf ganz andere Weise am Gesang und an der gesamten Liturgie teil. Wenn es in einer Messe nicht gelingt, eine Atmosphäre der Brüderlichkeit zu schaffen, um gemeinsam Gott zu loben, dann müssen die Ziele neu überdacht werden. Natürlich kann man bei einer Messe die Ziele nicht in der Gruppe erarbeiten. Aber sie bestehen trotzdem. Das gemeinsame Ziel besteht in dem gemeinsamen Vorhaben aller und darin, wieweit sich die Teilnehmer dessen bewußt sind.

Ein junger Mann vom Land war in die Stadt gezogen und hatte sich einer Gebetsgruppe angeschlossen. Bald danach zeigte sich in der Gruppe eine Spannung. Eigentlich waren die meisten sehr begeistert und wollten betrachten und meditieren lernen. Die Gespräche wurden immer länger, aber jedesmal, wenn wir an die Arbeit gehen wollten, entstand ein unerklärbarer Widerstand. Als dann bei einer Auswertung jeder seine Erwartung der Gruppe gegenüber darlegte, erzählte der erwähnte junge Mann, daß er durch die Entwurzelung von seiner Heimat schwere Zeiten erlebt und daß er sich der Gruppe darum angeschlossen habe, um Freundschaften zu schließen; das Gebet interessiere ihn nicht. Allen wurde klar, daß sein Vorhaben mit dem Ziel der Gruppe nicht übereinstimmte. Das hatte selbstverständlich Spannungen verursacht und das Vorhaben der Gruppe beinahe vereitelt. Aber gerade zu einer Zeit, als er versuchte, sich in die neue städtische Umgebung hineinzufinden, wollte ihn die Gruppe nicht ausschließen. Sie hatten ihn auch liebgewonnen. So etwas kommt in katholischen Gruppen öfter vor. In Gruppen, die auf wirtschaftliche Erträge eingestellt sind, ist es verhältnismäßig einfach, den Mangel an identischen Zielen zu beseitigen. In religiösen Bewegungen spielt dagegen die Freundschaft eine wichtige Rolle; meistens begünstigt sie die Verfolgung der Absichten, kann sie aber auch vereiteln. Solche Uneinigkeit von Grund auf zu beseitigen ist nicht unbedingt notwendig. Man muß zulassen, daß der Mangel an Einklang bewußt und anerkannt wird, um dann eine Wahl zu treffen. Die Begrenztheit einer solchen Wahl muß im voraus festgestellt werden, nämlich ob man sich von der betreffenden Person unter Schmerzen trennen soll oder einwilligt, das gesetzte Ziel nicht zu erreichen. Die Gruppe muß ihren Weg selber bestimmen.

Wir haben erkannt, wie wesentlich im Leben der Gruppe die Bestimmung des Zieles ist. Deshalb bin ich gewohnt, am Anfang jeder Zusammenkunft nach dem Ziel der jeweiligen Zusammenkunft zu fragen. „Was haben wir heute vor?" Es macht nichts, ob man sich vorher darüber schon geeinigt hat. Die Lage der Gruppe kann sich verändert haben, und es ist nicht überraschend, wenn etwas aufkommt, was man damals nicht vermuten konnte. Es schadet nicht, das Gedächtnis aufzufrischen, um die Kräfte zu vereinen und das gegenwärtige Vorhaben zu klären. Eine solche Aktualisation frischt das Bewußtsein für das Ziel auf und spornt alle an, sich an der gemeinsamen Arbeit zu beteiligen. Durch die Auswertung haben wir öfters erkannt, daß das verfolgte Ziel niemanden interessierte. Jeder dachte, es sei den anderen wichtig oder man müsse sich an den im voraus festgesetzten Plan halten. Es ist auch vorgekommen, daß die Gruppe den ersten Vorschlag angenommen hat, weil sie schneller anfangen wollte. Wenn ich eine Versammlung koordinieren muß, stelle ich oft nur die allgemeine Frage, statt das vorher bestimmte Ziel vorzuschlagen, um eine Reaktion der Gruppe hervorzurufen: „Wir sind wieder da. Wo haben wir zuletzt unsere Arbeit abgebrochen? Was könnten wir heute euerer Meinung nach tun?" Gewöhnlich will ich am Anfang mit einer solchen Aufforderung, die eventuell sogar eine Einwendung gegen das vorherbestimmte Ziel bedeuten kann, die Gruppe zur Arbeit anspornen. Sie wird dadurch auch verantwortlicher. Das vorherbestimmte Ziel können wir dann auch in Frage stellen, umgestalten oder der neuen Stimmung anpassen, wenn Schwierigkeiten entstehen. Aber die Kräfte müssen immer in unauffälliger Weise vereinigt werden.

Die Gruppe lebt mit der Lebensfähigkeit ihrer Ziele. Sie gleicht einem lebendigen Wesen. Ihre Existenz beginnt mit etwas Gemeinsamem; sie kräftigt sich in dem Maße der Übereinstimmung. Wenn sich alle mit Leib und Seele beteiligen, gedeiht sie; der Interessenunterschied schwächt sie. Wenn die Übereinstimmung ungenügend ist, zerfällt und stirbt sie. Es ist schön, wenn sich etwas mit dem Ende seiner Existenz gleichzeitig auflöst. Es ist herzzerreißend, wenn etwas früher abstirbt, und peinlich, wenn eine hoffnungslose Agonie sich verlängert. Das Leben hängt nicht immer von dem Willen des Menschen ab, manchmal erlischt es gegen unseren Wunsch. Das anzunehmen bezeugt eine große Seele. Manchmal versuchen die Ärzte, ein menschliches Wesen in einem vegetativen Zustand am Leben zu halten, obwohl eine Genesung nicht mehr möglich ist. Einige Gruppen tun dasselbe. Sie versammeln sich und versuchen, etwas zu beleben, was endgültig erloschen ist. Sie haben nichts mehr gemeinsam als die leblosen Satzungen oder die angenehme Erinnerung an alte Zeiten, als die Gruppe sich noch ihrer Vitalität erfreute. Die Mitglieder einer solchen Gruppe werden vielleicht anderswo, mit anderen Menschen und Zielen an Gruppen teilnehmen, aber die Agonie einer zerfallenen Gruppe zu verlängern hat überhaupt keinen Sinn.

Das Ziel der Gruppe bestimmt meistens auch die erfolgversprechende Zahl der Teilnehmer. Wenn eine enge persönliche Beziehung angestrebt wird, sollten es, um Schwierigkeiten zu vermeiden, höchstens zehn Teilnehmer sein. Das sind Gruppen, deren Mitglieder in Gemeinschaft leben, die betrachten wollen, die ihre persönlichen Angelegenheiten miteinander teilen und besprechen möchten, die eine Revision des Lebens durchführen wollen. Ich erinnere mich an eine Gruppe, in der etwa sechzehn Teilnehmer waren, die ihre verhältnismäßig tiefen Erlebnisse miteinander teilen wollten. Die erfolgreichsten Versammlungen waren mit mathematischer Sicherheit immer dann, wenn mehrere fehlten. Die Gruppe war zu groß. In für kurze Zeit gebildeten Gruppen – wie bei einem Kongreß – kann ein enger Kontakt oder ein Zeugnis auch mit mehr Teilnehmern vorkommen. Wenn in der Katechese mit religiösen und persönlichen Erlebnissen gearbeitet wird, sollen nicht mehr als sieben bis acht Personen teilnehmen. Wenn der Katechet sehr jung und im Unterricht noch nicht bewandert ist, sollte die Zahl fünf nicht übersteigen. Selbstverständlich sind dann mehr Katecheten nötig, aber vom religiösen Standpunkt aus wird der Unterricht erfolgreicher werden, und mehr Kinder können sich des befriedigenden Erlebnisses erfreuen, ihren Glauben persönlich mitzuteilen. Es ist sehr traurig, wenn ein junger Mensch anfängt, Religion zu unterrichten, und statt der ungehinderten Mitteilung des Glaubens sich mit disziplinären Problemen befassen muß, weil er die zu große Gruppe nicht führen kann. Damit will ich nicht behaupten, daß große volkstümliche Bewegungen im Glauben kein wesentliches Wachstum erreichen können oder daß es nicht wichtig ist, uns als Mitglieder der ganzen Weltkirche zu fühlen.

Die Dynamik der Führung

Eine Katechetin erzählte mir, daß sie in zwei verschiedenen Schulen unterrichtet habe. In der einen herrschte eine eiserne Disziplin. Was nicht erlaubt war, war verboten. In den Gängen und den Klassen war vollkommene Ordnung. Da es keine disziplinären Probleme gab, war das Unterrichten sehr bequem. In der anderen Schule war hingegen alles ein spontanes Durcheinander. Sogar das Niedersetzen nahm viel Zeit in Anspruch und das Ergebnis hielt nicht lange vor. „Trotzdem", sagte sie, „habe ich viel lieber in der zweiten Schule unterrichtet."

„Warum?" fragte ich ganz erstaunt.

„Ja", antwortete sie, „wenn ich die Kinder z. B. aufforderte, eine Szene des Evangeliums zu zeichnen oder etwas in ihr Heft zu notieren, kam der Unterschied zum Vorschein. In der ersten Schule fragten sie mich, in welches Heft sie zeichnen sollen, auf welche Seite, mit welcher Farbe usw., und sie machten nichts, was ich ihnen nicht ausdrücklich angab. Sie fürchteten sich, eigenmächtig und selbständig etwas zu unternehmen. In der anderen Schule war dagegen alles voll Leben. Kaum sagte ich, daß sie etwas zeichnen sollen, nahmen sie ihr Heft und machten sich an die Arbeit, die oft sehr originell ausfiel. Das freute mich. Lieber kämpfe ich um die Disziplin, aber es gefällt mir, daß die Kinder Initiative ergreifen und erfinderisch mitarbeiten."

Ich habe aufmerksam und befriedigt zugehört. Dieser Bericht überzeugte mich, daß ihre Beziehung zu den Kindern sehr gut war. Kinder, die Initiative haben, können nur durch persönlichen Einfluß erreicht werden. Wer ohne eine persönliche Beziehung nur die objektive Ordnung sucht, wird nie imstande sein, eine dynamische, originelle oder starke Gruppe zu leiten.

Aber vor allem stellte die Erzählung der Katechetin – zwar in einer übertriebenen Weise – eine für alle Gruppen gültige Regel dar. Die übermäßig disziplinierten Menschen sind der Gefahr ausgesetzt, ihre Initiative zu verlieren. Die dagegen einen starken Antrieb zum Handeln haben, können es schwer ertragen, wenn sie von oben zu sehr beeinträchtigt werden. Berufstätige Menschen, Ehepaare und Universitätsstudenten, alle, die ihr Leben selber gestalten, beteiligen sich nicht an streng geleiteten Gruppen. Im täglichen Leben sind sie es gewohnt, unabhängig zu sein, und sie wollen diese Freiheit auch in religiös eingestellten Gruppen ausüben. Es gibt dagegen andere Menschen, die einer starken Führung bedürfen.

Je mehr die Mitglieder einer Gruppe in ihrem Privatleben und in ihrer Arbeit selbständig sind, desto mehr neigen sie zu einer demokratischen Umgangsweise. Die demokratische Führung hat ihre eigenen Regeln. Die Initiative und die Führung kommt von den Mitgliedern. Ein Vorschlag zur

Tätigkeit der Gruppe heißt Ordnungsantrag. Wenn jemand während einer Diskussion das Thema oder den Verlauf der Besprechung ändern möchte, macht er einen Ordnungsantrag. In einer demokratischen Gruppe kommt der Ordnungsantrag von der Gemeinschaft. Die Mitglieder bezeugen dadurch, daß sie nicht nur teilnehmen, sondern sich für den Verlauf der Versammlung verantwortlich fühlen und sich auch an der Führung beteiligen. Nach einem Ordnungsantrag überlegt die Gruppe ganz kurz, ob sie ihn annimmt oder nicht. Dadurch verwirklicht die ganze Gruppe einen Akt der Führung. In einer autoritären Gruppe macht meistens nur der Führer einen Ordnungsantrag; falls einer vorgebracht wird, entscheidet er darüber. Die Reaktion auf einen Ordnungsantrag ist für die Gruppe charakteristisch. Wenn die Gruppe demokratisch eingestellt ist, schauen sich die Teilnehmer nach der Überlegung gegenseitig an, um die Wirkung zu beobachten; im anderen Fall beobachten sie den Gesichtsausdruck des Leiters. In diesem Sinne ist die Demokratie eine Mentalität, nicht nur ein System. Darum schließt sie weder das Dasein eines Leiters noch die Teilnahme an einer Bewegung oder einer Organisation aus.

Als ich in Belgien war und mich mit der Jugendbewegung der Arbeiter (CAJ) befaßte, wurde der Unterschied zwischen dem Leiter und dem Geistlichen stark betont. Das war in den fünfziger Jahren, als die katholischen Bewegungen sich von einer übermäßig klerikalen Vorherrschaft zu befreien suchten. Man sagte, daß der Leiter die Gruppe leitet, der Geistliche hingegen nur seine Meinung, eine belehrende Erklärung oder ein Zeugnis hinzufügt, ohne sich in die Führung einzumischen. Ein indirektes Eingreifen des Geistlichen wurde in den Gruppen der Jugendlichen angenommen, um zu begeistern und die Initiative zu wecken. Im Grunde genommen besteht der Unterschied in der Frage, wer von den beiden verantwortlich ist und die Hauptrolle spielt. Wenn eine Fabrik unerwartet mit Defizit arbeitet und den Verantwortlichen der Grund nicht klar ist, rufen sie einen

Sachverständigen, einen technischen Berater, damit er die Ursache feststellt und eine Lösung vorschlägt. Dieser technische Berater ist nicht der Besitzer und trifft keine Entscheidungen. Er gibt nur Auskunft und leistet auf Wunsch in einem bestimmten Rahmen einen Dienst.

Ich bin überzeugt, daß in den letzten fünfzig Jahren die katholischen Bewegungen in ihren Bestrebungen, ihre Führung selber in die Hand zu nehmen, eine beträchtliche Entwicklung durchgemacht haben. Vor den dreißiger Jahren wurden praktisch alle Organisationen vom Klerus und von der kirchlichen Autorität geführt. Diese bestimmten zugleich die apostolischen Ziele. In den dreißiger Jahren wurde die „Katholische Aktion" gegründet. Mit ihren vier Abteilungen verkörperte sie die Verlängerung des Apostolates der Hierarchie, obwohl das Selbstbewußtsein der Laien zunahm und einige mit wichtigen Posten in die Führung einbezogen wurden.

In den fünfziger Jahren verwirklichten sich weitere Fortschritte. In der französischen „Actio Catholica" entstand ein großer Streit. Eine ihrer Abteilungen forderte, der ganzen Bewegung ein neues Ziel zu geben. Sie sagten, daß sie nicht die Verlängerung der klerikalen apostolischen Bewegung sein wollten, und verlangten, daß das Ziel ihrer Organisation die Ausbildung der Mitglieder sei. Ihr Zukunftstraum war, die Mitglieder so zu formen, daß jeder in der Familie und in der Umgebung seiner täglichen Arbeit den Glauben in eigener Verantwortung so ausstrahlt, wie er es vermag. Offensichtlich hätte auf diese Weise die ganze Bewegung ihr Ziel geändert. Damals hat der Klerus die Aktivitäten der Katholischen Aktion angeführt, die darin bestanden, Demonstrationen und Kampagnen zu veranstalten, wie z. B. zugunsten der christlichen Erziehung usw. Die Bewegung wäre nicht mehr das Werkzeug einer gemeinsamen Aktion gewesen. Der neue Stil hätte sie in den Dienst des christlichen Lebens der Mitglieder gestellt. Die Rolle des Klerus hätte sich auch geändert. Statt der Führer wären Berater nötig geworden, um das Erwecken des christlichen Bewußtseins zu fördern, ohne sich für die Durchführung aufzudrängen. Die Gruppe, die diese Änderung vorgeschlagen hatte, trennte sich von der Katholischen Aktion und bildete ihre eigene Bewegung. Zur selben Zeit entstand mit einer ähnlichen Gesinnung die „Bewegung der Christlichen Familie". Das Ziel war, sich zu einem selbstbewußten christlichen Leben auszubilden, damit die Mitglieder sich überall bewähren konnten, wohin sie das Leben stellte. Die Hierarchie billigte ihre Pläne und bestellte Laien als Leiter und Priester als Berater.

Nach meiner Beobachtung entwickelte sich in den sechziger Jahren wieder etwas Neues. Trotz einiger Höhepunkte verlangsamte sich die Ausbreitung der oben erwähnten Bewegungen und stagnierte sogar. Um den erwachenden Erwartungen zu entsprechen, mußte eine jugendliche und sehr dynamische Bewegung eine neue Anregung bieten. Eigentlich meine ich nicht eine Bewegung, sondern einen ganz neuen Stil der Kommunikation, eine andere Mentalität, eine andere Art, miteinander umzugehen. Dem Anschein nach geschah nichts. Ich hatte sogar den Eindruck, daß eine Verwirrung, eine Leere entstand. Aber als ich herumreiste, bemerkte ich, daß der Eindruck täuschte. Wie Pilze aus dem Boden schießen, bildeten sich überall Gruppen von Jugendlichen, Eheleuten usw. Sie hatten keinen Namen und gehörten zu keiner Bewegung. Sie sproßten überall hervor, wohin man blickte. Sie bildeten sich unversehens, wollten sich keiner Organisation anschließen und versuchten, ihre Ziele selbst zu bestimmen. Meistens bildeten sie sich um eine oder zwei Personen, und beinahe immer verband sie eine Freundschaft. Sie gaben schöne Beispiele des Gemeinschaftssinnes, suchten ihren Glauben zu klären, aber waren selten nach außen tätig. Wie sie entstanden, so verschwanden sie auch wieder, und außer dem Erlebnis, daß sie versucht hatten, sich in Gemeinschaft zu entwickeln, ließen sie keine Spur zurück. Eigentlich wünschten sie eine autonome Demokratie, die aber ihren absoluten Respekt vor dem Glauben und der Hierarchie nicht minderte.

Es ist bezeichnend, daß die Bewegungen, die heutzutage am meisten blühen, wie die Cursillos, die gleichen Charakteristika aufweisen. Sie stützen sich auf Laien, und ihre Struktur ist sehr locker, wobei sie eine intensive und streng geregelte Einführung kennen, die zu vielen Bekehrungen führt. Danach bieten sie nur noch eine Hilfe, um die Beziehung aufrechtzuerhalten und die anfängliche Begeisterung zu nähren. Im Grunde genommen lassen sie der weiteren Entwicklung freien Lauf. Statt einer Organisation wollen sie die persönliche Initiative und Verantwortung fördern, denn ihr Ziel besteht nicht darin, Mitglieder zu werben, sondern in verantwortungsvollen Menschen das geistliche Leben zu wecken. Es ist ebenso bemerkenswert, mit welch lockeren Strukturen die charismatische Bewegung ihre Erfolge erreicht.

Am Anfang meiner Gruppenerfahrungen kam es vor, daß eine kurz zuvor von Eheleuten und selbständigen Berufstätigen gebildete Gruppe in die Bewegung der Christlichen Familie eintreten wollte. Ich ging zum Zentralsekretariat und erkundigte mich nach den Statuten und den Programmen der vergangenen Jahre. Ich studierte das Material und legte es den Gruppenmitgliedern vor. Die Regeln erweckten von Anfang an kein Interesse, nur die Themen. Wir wählten ein Jahresprogramm, doch es bewährte sich nicht. Den Grund des Unbehagens festzustellen war nicht ganz einfach. Wir rangen ein Jahr lang darum, ohne den Nagel auf den Kopf zu treffen. Es ist bemerkenswert, daß trotz des Mißerfolgs das Interesse nicht nachließ und die Versammlungen ohne große Lücken unter den Teilnehmern weiter stattfanden. Endlich fragte ich sie, was sie eigentlich wollten. Jeder kam mit einem anderen Vorschlag. „Gut", sagte ich, „notieren wir alles, um es nach und nach zu besprechen." Der Stoff reichte für ein ganzes Jahr. Für diese Gruppe war das das richtige

Vorgehen. Damals leuchtete mir ein, daß selbständige Erwachsene genau wissen, was sie suchen; sie stellen ihre Fragen und wollen alles selber erarbeiten. Entsprechend dem Rhythmus und dem Bedürfnis der Gruppe ergaben sich die Themen von selber. Mir gegenüber war ihre Erwartung, daß ich mich in ihre Bemühungen hineinlebe, sie respektiere und ihnen mit meinen religiösen Kenntnissen beistehe, aber daß ich in ihren eigenen Gruppenprozeß keine fremden Probleme einführe und sie nach außen zu keiner Tätigkeit antreibe. Ich habe beobachtet, daß in der Geschichte der katholischen Gruppen während der letzten fünfzig Jahre immer mehr selbstbewußte und verantwortliche Gruppen auftauchen, die fähig sind, ihrer eigenen inneren Dynamik zu folgen.

Zeitweise frage ich mich, ob diese Gruppen so individualistisch sind, daß sie sich nicht zu einer Bewegung vereinen können. Weil wir noch am Anfang dieser Entwicklung sind, weiß ich nicht, ob es an der Zeit ist, auf diese Frage eine endgültige Antwort zu geben. Meinerseits bin ich trotzdem überzeugt, daß sich diese Gruppen zu einer Bewegung vereinen könnten, aber auf eine ganz andere Weise als die bestehenden Bewegungen und Organisationen. Da sie demokratisch eingestellt sind, müßte ihre Integration dieselbe Ausprägung haben. Vielleicht werden sie sich in einer größeren Einheit verbinden, aber nur insofern, als es für sie wechselseitig günstig ist und sie dabei ihre Selbständigkeit behalten. Sie dulden keine Führung von oben, bedürfen keiner Programme, und darum hätte es für sie keinen Sinn, sich die Administration und ähnliche Verpflichtungen einer Bewegung aufzubürden. Das verhindert aber nicht, daß sie mit der kirchlichen Obrigkeit auf gutem Fuß stehen und die Begrenzungen annehmen, die diese ihrer Berufung nach vorschreiben muß. Das große Erlebnis der kirchlichen Gemeinschaft, wenn sich während eines Kongresses Tausende aus allen Teilen eines Landes, eines Kontinents und manchmal sogar der ganzen Welt zusammenfinden, wird ihnen vielleicht verlorengehen.

Meiner Erfahrung nach haben wir Priester – oft ohne uns dessen bewußt zu sein – eine starke Neigung, über die Gruppen zu herrschen. Als ich ohne führende Rolle an Gruppen von Geistlichen teilnahm, wurde mir offen vorgeworfen, daß ich überlegen sei und den Rhythmus der Gruppe nicht respektiere. Diese Kritik erwies sich für mich als sehr vorteilhaft, denn sie führte mich zu der Erkenntnis, daß die Gruppen, an denen ich als Leiter teilnahm, wahrscheinlich nicht gewagt hatten, eine solche Bemerkung zu äußern. Vielleicht hielt sie der Respekt zurück oder ich hatte, als sie mein Verfahren in Frage stellten, die Anspielung nicht verstanden. Deshalb sprechen wir unter Kollegen oft davon, daß die Ratgeber selber Gruppen bilden sollten, wo sie die Fehler ihres Verhaltens gegenüber den Gruppen besprechen können. Dazu sind auch die Gruppen der Revision des Lebens sehr geeignet.

Als wir mit einem meiner Freunde von Priestern sprachen, die ihrer Berufung gemäß den Glauben verbreiten sollten, sagte er mir, daß er sich vor ihnen fürchte, weil es sehr schwer sei, mit ihnen interessenfreie Beziehungen zu haben. „Früher oder später", sagte er, „wollen sie von einem etwas haben. Sie brauchen Geld oder unsere Mitwirkung in einer Angelegenheit usw. Und dann", so sagte er, „gerät man in ihren Tätigkeitsbereich und fühlt sich ausgenützt." Das stimmte mich nachdenklich; vielleicht hatte er recht. Wer in der Seelsorge tätig ist, ist besonders am Wochenende, wenn sich andere ausruhen, sehr beschäftigt. Er ist der Aktivität oft viel mehr ausgesetzt als alle anderen. Deshalb kann es ihm schwerfallen, seine Beziehungen von Interesse freizuhalten. Er ist auch der Gefahr ausgesetzt, als Leiter zu dominieren.

Einige Gruppen bedürfen einer starken Führung. Eine Tagung, die nur einige Tage dauert und wo die Anzahl der Teilnehmer groß ist, muß selbstverständlich mit starker Hand geführt werden. Die Gruppen von kurzer Dauer bedürfen mehr einer Leitung. Die Bildung von Gruppen braucht Zeit. Gruppen von Jugendlichen benötigen Ideale und Unterweisung. Gewöhnlich bitten sie um eine richtungweisende Führung, obwohl sie gleichzeitig frei sein wollen, um sich ungehindert zu äußern. Die Cursillos sind straff geführte Kurse. Sie müssen es sein, weil sie einen im voraus bestimmten Plan haben. Gruppen mit Aktionsprogrammen wie in einer Fabrik, ganz besonders wenn auf Termin gearbeitet wird, bedürfen gewöhnlich einer starken Führung. Die Umstände bestimmen, inwiefern diese nötig ist. Trotzdem gibt es Regeln, die für alle Gruppen gelten.

Im allgemeinen trachten die Gruppen nach einer größeren Teilnahme an der Führung. Wenn eine Gruppe fähig ist, eine demokratische Führung mit voller Verantwortung zu übernehmen, gebührt sie ihr. Während der Emanzipation verliert die Gruppe etwas von ihrer äußeren Wirksamkeit. Wenn deshalb der Leiter – unter Umständen die ganze Gruppe – eine teilweise oder stufenweise Schwäche in der Führung oder eine Abnahme in der Wirksamkeit nicht zuläßt, wird die Gruppe nie selbständig werden. Manche Gruppen suchen die Stütze ihres Leiters und sind damit zufrieden. Trotzdem muß man ihnen immer wieder die Möglichkeit bieten, die Selbstverwaltung allmählich ausüben zu lernen. Die ersten Schritte zur Autonomie müssen besprochen werden. Die Gruppe wählt aus, faßt einen Entschluß und führt ihn durch. Einen eventuellen falschen Schritt muß man zulassen und ihn nur später besprechen, damit die Gruppe ihre Fehler wahrnimmt. Ohne Fehler zu machen, wird sie nie selbständig werden. Selbstverständlich ist nur von Fehlern die Rede, die zu verbessern sind und die zur Erfahrung beitragen. Die Selbständigkeit schließt den Dialog nicht aus. Alle Gruppen sind dem Dialog offen, aber nicht alle dulden, daß ein Leiter sich ihnen aufdrängt.

Gelegentlich ist es sehr nützlich, über die Beziehung zum Führer oder zum Berater Fragen zu stellen. Welche Rolle weist ihm die Gruppe zu? Was erwartet sie von ihm? Wie will sie ihn in die Gruppe integrieren? Das ist auch umgekehrt richtig. Der Leiter soll ganz klar zu verstehen geben, was er bietet und was er erwartet. Wenn die gegenseitige Beziehung auf solche Weise im voraus festgesetzt ist, fällt es gleich auf, wenn die festgesetzten Normen überschritten werden.

Gott ist unser Vater. Die Ausübung der Vaterschaft ist dementsprechend sehr verschieden, ob sie sich auf einen Säugling, ein Kind, einen Jugendlichen bezieht oder auf einen verheirateten Sohn in der Fülle seines Lebens, der seinen erfahrenen betagten Vater um einen Rat fragt. Ein alter Mann ist duldsam und verständnisvoll, nichts drängt ihn. Vielleicht lächelt er, wenn sein erwachsener Sohn etwas unternehmen will, was er nicht gutheißen kann. Seine Weisheit besteht sehr oft darin, daß er schweigt, solange er nicht gefragt wird. In einer solchen Vaterschaft gelten das Vertrauen und der Ideenaustausch viel mehr als die Wirksamkeit und die objektiven Resultate.

Die drei Phasen einer Zusammenkunft

In den dreißiger Jahren erklärte Kardinal Cardijn, der Gründer der Katholischen Arbeiterjugend (CAJ), die drei Phasen bei Zusammenkünften seiner Bewegung: Sehen, Urteilen und Handeln. Dieses Prinzip verbreitete sich sehr schnell und wurde wegen seiner praktischen Bedeutung weit und breit angewendet. Ich habe die Anwendung bei Tagungen und anderen Versammlungen beobachtet und konnte diesbezüglich einiges wahrnehmen, was den Mißerfolg einiger Gruppenversammlungen scheinbar erklärt. Meiner Beobachtung nach hat jede Phase nicht nur ein besonderes Ziel, sondern ist auch bestimmten Regeln unterworfen, die ein jeweils anderes Verhalten verlangen. Das bedeutet, daß bei Beginn einer neuen Phase sich nicht nur das Verfahren ändert, sondern, um den erhofften Erfolg zu erreichen, alle Teilnehmer eine andere Haltung annehmen müssen. Fassen wir deshalb die Regeln und das nötige Verhalten während der drei Phasen ins Auge.

Die erste Phase bedeutet: Sehen, das heißt Einsicht und Erkenntnis. Es ist wichtig, neue und objektive Information aufzunehmen. Der katholischen Mentalität wurde schon oft vorgeworfen, daß sie keine Information benötigt. Wir glauben, daß uns die göttliche Offenbarung alles lehrt, was wir wissen müssen, und wenn uns trotzdem noch etwas abgeht, flößt es der Heilige Geist ein, damit wir unsere Aufgaben entsprechend verrichten. Darum besteht die Gefahr, daß wir die Information vernachlässigen. Die kirchliche Mentalität ist eher deduktiv als induktiv. Statt die Zeichen der Zeit oder die mögliche Vielfalt der Angelegenheiten zu betrachten, zieht sie es vor, sich auf ihr absolutes Wissen zu berufen. Sie geht vom Unveränderlichen, vom Wesentlichen aus; aus den ewigen Wahrheiten folgert sie die Möglichkeiten. Darum ist sie geneigt, den konkreten Daten keine große Bedeutung beizumessen und keine genügende Information zu suchen.

Außerdem spielen die breiten Lebenserfahrungen und die gegenseitigen Beziehungen der Mitglieder eine große Rolle. Darum sind auch die durch Zeugnisse gegebenen Informationen wesentlich. Wir haben uns mit dem Zeugnisgeben als dem Ausdruck persönlicher Erfahrungen genügend befaßt und haben auch das wünschenswerte Verhalten der Zuhörer erläutert, nämlich empfänglich, interessiert und ehrfurchtsvoll zu sein, ohne zu beurteilen oder Ratschläge zu geben; nicht zu loben oder zu unterstützen, sondern nur zu verstehen, anzunehmen und zu begleiten. Wenn eine Gruppenzusammenkunft in der Phase des „Sehens" ist und es zu einem Zeugnis kommt, ist es unerläßlich, dieses anzuhören. Wie wir schon wissen, wird dieses Verhalten durch die Spiegelung erkennbar. Neunzig Prozent der Probleme, die mir in der Arbeit mit Gruppen zugestoßen sind, wurden durch die Unfähigkeit, diese Haltung einzunehmen, verursacht.

Sogar in kleineren Gruppen, wo zwischen den Teilnehmern eine persönliche Beziehung besteht, muß das

Zeugnisgeben der objektiven Information vorangehen, sie begleiten und sie durchdringen. Sogar die ganz objektiven Informationen müssen so vorgebracht werden, wie der Sprecher sie erkannt und erlebt hat. Sie müssen womöglich in Form persönlicher Erlebnisse dargestellt werden, damit sie nicht abwegig und zu formal erscheinen.

Wenn diese Regeln befolgt werden, begünstigt die erste Phase der Zusammenkunft die Beziehungen, stärkt das Vertrauen und vertieft die Freundschaften. In einem solchen freien Klima öffnen sich die Herzen von selber und können sich im Glauben mitteilen.

Die zweite Phase ist das Urteilen, die Interpretation der in der ersten Phase erhaltenen Information. Eigentlich wird die Erkenntnis der objektiven Situation gesucht. Sie besteht aus dem Vergleich der erhaltenen Mitteilungen, wodurch die Mannigfaltigkeit der Mentalität, der Meinungen und der Gesichtspunkte offenbar wird. Es ist ein Ideenaustausch. Selbstverständlich dürfen nicht die Zeugnisse, sondern nur die objektive Lage gedeutet werden.

In der ersten Phase wurden Zeugnisse und Information mitgeteilt. Infolgedessen besitzt die Gruppe die gleichen Kenntnisse. Nun versuchen die Mitglieder, ihre Ansichten auf eine Ebene zu bringen. Das Ergebnis hängt größtenteils von der in der ersten Phase erreichten Einsicht ab. Obwohl eine Übereinstimmung gesucht wird, muß sie nicht unbedingt erreicht werden. Der erstrebte, aber nicht unentbehrliche Einklang bestimmt die Regeln des Verhaltens in dieser Phase. Als von der Diskussion die Rede war, habe ich ein analoges Verhalten erwähnt. Wir müssen die Meinung der anderen respektvoll anhören und uns womöglich aneignen, den Gedankengang eventuell fortsetzen und ergänzen. Dadurch kann sich ein Gespräch entfalten, in dem alle Stein für Stein aufeinanderlegen, einträchtig ein Haus bauen. Wir müssen jede Diskussion vermeiden. Die eigene Meinung soll nicht kategorisch geäußert werden, und es soll darauf hingewiesen werden, daß sie nicht endgültig ist, um entgegengesetzte Ansichten nicht zum Schweigen zu bringen. Diese Phase ist eine Suche. Absurde Meinungen dürfen nicht bekämpft werden; lassen wir sie einfach verklingen. Wir können auf die Kraft der Wahrheit rechnen.

In dieser Phase kommen die Unterschiede der Denkweise zum Vorschein. Einige sind eher konservativ, die anderen mehr fortschrittlich. Jedes Thema und jede Begebenheit bringt diesen Unterschied zutage. Es hat keinen Sinn, diese Einstellungen zu bekämpfen oder ihre Vertreter zu überzeugen. Wir müssen ihre Meinungen zur Kenntnis nehmen, annehmen und achten. Die Meinungsverschiedenheiten zu respektieren ist ganz leicht, wenn dem Gruppengespräch keine gemeinsame Aktion folgt. Wenn aber die zweite Phase einen Entschluß vorbereitet, dann ist es oft sehr schwer, die Besprechung unparteiisch und gelassen zu führen, aber wir müssen es versuchen und gleichzeitig auch die persönlichen Beziehungen beachten, damit sie keinen Schaden leiden.

Beobachten wir zur Veranschaulichung eine Debatte über einen Film. Zuerst erzählt jeder sein Erlebnis. Damit sich eine gemeinsame Ansicht entwickelt, können wir nachher die Interpretation versuchen. Es macht nichts, wenn sich eine Übereinstimmung der Meinungen nicht entwickelt, ein jeder kann trotzdem durch den Beitrag der anderen reicher werden. Eine einheitliche Schlußfolgerung ist nicht unbedingt notwendig.

Die dritte Phase einer Versammlung ist das Handeln. Zuerst wurde Information gesammelt, dann wurde sie interpretiert, um eine gemeinsame Ansicht zu erreichen, in der dritten Phase muß die Art des Vorgehens bestimmt werden. Wegen des bevorstehenden Entschlusses verschärfen sich oft die Spannungen. In dieser Phase spielen die Vitalität, die Unternehmungslust, die Leidenschaften, die wirtschaftlichen Interessen und der ideologische Druck eine Rolle. Ein

Kampf entsteht, Bündnisse werden geschlossen; das ist der Zeitpunkt der politischen Aktivität im vollen Sinne des Wortes. Der Höhepunkt dieses Kampfes um die Macht ist der Beschluß, denn es geht um die Ausführung. Die verschiedenen Fraktionen, Mentalitäten und Interessen treten einander entgegen, um sich durchzusetzen. In den zwei ersten Phasen war es wichtig, die Leidenschaften gefesselt zu halten, denn sie hätten die friedliche Besprechung behindert und die Annäherung gehemmt. Stellen wir uns den Verlauf einer politischen Wahl vor, oder beobachten wir eine Sitzung in der Pfarrei, wo darüber verhandelt wird, ob eine Verlosung stattfinden oder der Kassenwart abgesetzt werden soll. Denken wir an den Aufruhr der Gemüter, welche die Kapitel der religiösen Orden auslösen, oder an den Kampf, der während des Zweiten Vatikanischen Konzils stattfand, damit eine gewünschte Orientierung in der Abstimmung die Oberhand gewann. In den katholischen Organisationen oder Gruppen bildet sich eine andersartige gespannte Situation, wenn der Pfarrer oder der Vorsitzende der Kirchengemeinde etwas durchsetzen will, was zwar vorgeschrieben ist, aber dem sich alle widersetzen.

In der dritten Phase ändern sich die Regeln ebenfalls. In einer mehr oder weniger demokratischen Gruppe wird der Entschluß durch Abstimmung gefaßt; wenn die Gruppe ganz klein ist, kann man sich womöglich ohne Formalität einigen. In der Beratung vor der Abstimmung ist es sehr wichtig, die Motive ganz klar anzugeben, aber es ist noch wesentlicher, das Verfahren deutlich zu bestimmen, um die Gemüter nicht zu reizen.

Ein allgemeines Einvernehmen ist nicht unbedingt nötig, es genügt, wenn alle annehmen, daß die Abstimmung die Ausführungsweise des Vorhabens bestimmt. Dadurch nimmt jeder an, daß die Meinung der Mehrheit die Tätigkeit bestimmt, obwohl jeder darauf bestehen kann, daß die von ihm vorgeschlagene Lösung angebrachter wäre. Die Ansichten müssen unbedingt respektiert werden, der

Entschluß bezieht sich nur auf die Durchführung des Vorhabens. In gleichgesinnten Gruppen, wenn die Mentalität verwandt ist und die Interessen übereinstimmen, verursacht der Entschluß natürlich keinen Gegensatz. Weil sich jeder mit dem Beschlossenen identifiziert, wird die Ausführung zugleich dynamischer.

Die Eigenart der Gruppen

Vor einigen Jahren lud mich die Leitung einer Schwesterngemeinschaft ein. Die Generaloberin, die ihre Residenz im Lande hatte, war auch anwesend. Beinahe alle Schwestern waren Lehrerinnen. Sie hatten vor, während des Sommers eine zwei Wochen lange Generalversammlung zu halten mit dem Ziel, die Regeln zu reformieren. Die Generalversammlung wurde schon ein Jahr lang durch Kommissionen vorbereitet. Man fragte mich, wie sie die Zeit einteilen und die Debatten über die verschiedenen Punkte der Statuten, die sie ändern möchten, gestalten könnten.

„Schauen Sie", sagte ich ihnen, „das Kapitel ist eine Versammlung ganz anderer Art als eine Begegnung. Das Kapitel dreht sich um Entschlüsse, die von einer Abstimmung abhängen. Das erfordert gute Information und Diskussion. Die Meinungen müssen samt ihren Motiven kurz dargelegt und dann zur Abstimmung gebracht werden. Zwischen den verschiedenen Fraktionen und einander widerstrebenden Mentalitäten entsteht ein Kampf. Die Gemüter sind gereizt, Spannungen zu glätten und Rivalitäten zu besänftigen ist oft sehr schwer. Am Schluß gibt es Sieger und Besiegte. Das schadet der Einheit. Weil Sie die Regeln reformieren wollen, müssen Sie darauf achten, daß die Meinungen aller in die Entscheidungen einfließen. Sie haben im Laufe des Jahres in verschiedenen Kommissionen die Argumente pro und contra erörtert, wodurch eine Zusammenarbeit eigentlich schon stattgefunden hat. Was jetzt stattfinden sollte, ist eine Begegnung. Rufen Sie die ganze Gemeinschaft zusammen, um Ihre Erfahrungen zu besprechen. Erzählen Sie einander Ihre Erfahrungen, was Sie tun und welche Schwierigkeiten Sie in Ihrer Arbeit haben. Sprechen Sie von Ihren Erfolgen und legen Sie Ihre Pläne vor. Dadurch können Sie sich näher kennenlernen und sich näherkommen. Während des Jahres leben Sie voneinander entfernt und treffen sich kaum. Tun Sie im Sommer etwas, um sich besser kennenzulernen und sich mehr miteinander zu befreunden. Organisieren Sie eine zwanglose Zusammenkunft ohne die Notwendigkeit, aneinander Kritik zu üben. Lernen Sie, Unterschiede anzunehmen und zu respektieren. Nach dieser Zusammenkunft können die offiziellen Vertreter und die Stimmberechtigten noch einige Tage zusammenbleiben und nach einer kurzen Beratung die Abstimmung durchführen."

Die Schwestern befolgten meinen Rat und waren sehr zufrieden. In das von Gegensätzen erfüllte Klima kam eine große Erleichterung. Diese Erfahrung ist zugleich ein gutes Beispiel für meine zweite Beobachtung bezüglich der drei Phasen in einem Gruppenprozeß. Die einzelnen Phasen sind nicht überall und nicht jederzeit gleich bedeutsam. In einigen Gruppen ist die erste Phase – die Teilnahme, das persönliche Zeugnis, die Information – am wesentlichsten. Die Phase des Urteilens ist weniger wichtig und die Teilnehmer verlangen nicht nach Beschlüssen. Ihr Ziel ist teilzunehmen, die Beziehungen zu vertiefen und sich zu lieben. In solchen Gruppen herrscht meistens – wenn sie die Regel einhalten und nicht urteilen – ein sehr herzliches Klima. Viele Gruppen von Jugendlichen haben diese Eigenart. Sie suchen Freundschaften und wollen sich in Gemeinschaft entwickeln. Das ist die Art der Gruppen, die ihre Ruhezeit oder ihren Urlaub zusammen verbringen wollen, die sich für Exerzitien, für die Revision des Lebens und zum Gebet zusammengeschlossen haben. Auch Kongresse haben eine ähnliche Eigenart. Information steht zur Verfügung, es gibt

Konferenzen, aber die Teilnehmer nützen mit Vorliebe die persönlichen Kontakte aus und bevorzugen kleine Gruppen. Sie tauschen ihre Erfahrungen mit vorher unbekannten Menschen aus, die sich mit derselben Arbeit befassen. Sie bemerken, daß andere dieselben Probleme und auch ähnliche Erfolge haben. Es bilden sich interessante Kontakte und ein Klima der Kommunikation. Sie brauchen keine Entscheidungen zu treffen. Darum ist die zweite und dritte Phase für den größten Teil der Anwesenden ziemlich bedeutungslos. Die Atmosphäre ist frei von Interessen. In Gruppen solcher Art ist der gegenseitige Austausch wesentlich, und ihr Geheimnis ist, ohne zu diskutieren, zu urteilen oder sich zu widersetzen, sich der Gelegenheit zu erfreuen, frei von Interessen etwas von sich selbst mitteilen und von den anderen empfangen zu können.

Wo Aktivität herrscht, haben die Gruppen eine ganz andere Eigenart. Das sind die Ausschüsse der Führer von politischen oder wirtschaftlichen Gruppen, die Parlamente, die Wahlkampfgruppen usw. Ihrem Wesen nach ist die Katholische Aktion solch eine tätige Gruppe, weil sie der Hierarchie hilft, obwohl sie auch die Ausbildung ins Auge faßt. Der Priesterrat einer Diözese – selbst wenn er nur konsultativ ist – ist eine aktive Gruppe. Dergleichen sind der Elternbeirat einer Schule, die Gruppen der Katecheten und Meßdiener auch tätige Gruppen. In diesen aktiven Gruppen sind die drei Phasen der Versammlung eng verbunden. Der Verlauf der Tätigkeit hängt von mehreren Faktoren ab. Erstens dürfen sich an einer solchen Gruppe keine Menschen mit entgegengesetzten Plänen oder unvereinbaren Weltanschauungen beteiligen, denn durch innere Kämpfe geht das Wesentliche, die Leistungsfähigkeit, verloren. Zweitens müssen die drei Phasen während der Treffen ganz scharf voneinander getrennt und in jeder der angemessene Ton getroffen werden. Im Augenblick fassen wir die schon erwähnten tätigen Gruppen außer Betracht, die der Leiter aktivieren möchte, obwohl sie ihre Lust verloren haben. Die Gruppen, die leidenschaftlich nach Aktivität trachten, sind selten fähig, in den ersten zwei Phasen die nötige Haltung einzunehmen. Zwischen den jeweiligen gegensätzlichen Interessen bilden sich Spannungen heraus, die das Anhören und das Annehmen erschweren. Jeder ist von seinen Plänen und seinem Willen eingenommen. Wenn die Mitglieder zuhören oder ihre Ideen austauschen, haben sie immer ihr eigenes Vorhaben vor Augen. Sie messen jede Behauptung an ihren Plänen, können nichts frei von Interesse anhören oder fremde Gedanken aufnehmen; ihre Empfänglichkeit ist minimal. Der Zweck der ersten zwei Phasen einer Versammlung wäre, eben einer solchen Verblendung vorzubeugen, die Teilnehmer empfänglich zu stimmen und einander näherzubringen. Eine Annäherung kann aber nur dann erreicht werden, wenn sich die Teilnehmer während der zwei ersten Phasen der Versammlung angemessen bemühen, den eigenen Willen aufzugeben und für das offen zu sein, was die anderen vorschlagen.

Außer den Gruppen, die eine innige Gemeinschaft oder eine Tätigkeit suchen, gibt es noch Gruppen für Reflexion. Diese haben eine ganz besondere Eigenart. Ihr Ziel ist die Erkenntnis, das Nachdenken, das innere Wachstum der Teilnehmer oder die Interpretation der Zeichen der Zeit. Eine typische Bewegung der Reflexion – soweit ich sie kenne – ist die Bewegung der Christlichen Familie. Ihr Ziel ist, das Wesen der Familie, ihre Verpflichtungen und die Innenwelt der Teilnehmer zu verstehen und christlich zu deuten. Sie entziehen sich nicht der Aktion, üben sie aber nicht gemeinsam aus. In der Gemeinschaft wollen sie sich nur verstehen, sich gegenseitig helfen, ihre Angelegenheiten zu klären, damit jeder sein Familiendasein in einem christlicheren Sinn erlebt. Ihr gemeinsames Ziel ist das Nachdenken; die Tätigkeit ist individuell. Solche Gruppen erörtern oft öffentlich ein besonderes Thema oder einen Vortrag. Auch studienhalber werden solche Gruppen gebildet. Der große Vorteil dieser Gruppen ist, daß Menschen mit relativ verschiedener Denkweise freimütig teilnehmen und zur Entdeckung neuer Perspektiven und Denkweisen beitragen können. In tätigen Gruppen ist das nicht so einfach, denn dort müssen auch Entschlüsse gefaßt werden, was in den Gruppen für Reflexion nicht der Fall ist.

Wegen dieser Gruppen für Reflexion habe ich oft den Vorwurf gehört, daß dort nur endlos gesprochen und die Zeit erfolglos vergeudet wird. Darin liegt eben ihre Gefahr. Die Übereinstimmung der Meinungen ist nicht nötig, denn das Ziel ist nur die gegenseitige Bereicherung. Auseinandersetzungen würden die Beziehungen ungünstig beeinflussen. Der Erfolg hängt von der ersten Phase, vom Zeugnis, ab.

Der Mensch lebt nicht von allgemeinen Behauptungen, sondern von konkreten Wahrnehmungen. Er versteht das einzelne: ein Beispiel, ein Zeugnis, eine Lebenserfahrung. Daraus formt er allgemeine Gesetze. Wenn er aber sein Verständnis einem anderen beibringen will, muß er wieder zum Leben zurückkehren und es so vorführen, wie es im Leben ist und wie er es entdeckt hat. Er muß es beleben und als einen Einzelfall vorstellen. Das Zeugnis eines Erlebnisses ist kräftig und veranlaßt zum Nachdenken. Theoretische Behauptungen bewegen nicht zum Nachdenken, sondern führen zu einer Diskussion. Die Kraft der Gruppen für Reflexion liegt in der miteinander geteilten Erfahrung. Das konnten wir ganz deutlich beobachten, als von dem Zeugnis der Universitätsstudenten die Rede war. Das Erzählen der persönlichen Erlebnisse bewegte einige während der ganzen Woche zum Nachdenken. Außerdem änderte es die Ansichten und das Verhalten. Diese Gruppen haben den großen Vorteil, daß man die Gegensätze nicht beseitigen muß, weil keine einheitliche Beschlußfassung erforderlich ist. Die Annahme beendet die Kundgabe der Erlebnisse. Es wäre ein Irrtum, ideologische Schlüsse zu ziehen, um die „Wahrheit" festzustellen. Die Erfahrungen rufen Ideen und

Gedanken hervor und werden zu Meinungen. Meiner Erfahrung nach muß eine auf Reflexion eingestellte Gruppe wenigstens achtzig Prozent ihrer Zeit den Erfahrungen widmen, damit ihr Nachdenken während der übrigen Zeit wertvoll und konstruktiv wird. Endloses Darlegen von Meinungen ist zeitraubend. Die Gruppen für Reflexion oder für Studium müssen sich oft auch mit objektiver Information befassen, aber auch darin müssen subjektive Erlebnisse eingeschlossen sein.

Zum Schluß der Erwägung über die Gruppen möchte ich noch hinzufügen, daß die Gruppe einer Person gleicht. Wenn sie sich äußern kann, wird sie ihrer Situation bewußt und ist fähig, ihre Probleme zu lösen. Einer Gruppe gegenüber müssen wir dieselbe respektvolle Haltung annehmen, als wenn wir uns selbstlos in das Erlebnis einer Person einfühlen. Wo eine respektvolle, kontemplative Haltung besteht, entfaltet sich die Gruppe.

Siebtes Kapitel
Mit dem Herzen segnen

Nachdem Paulus seine Unterweisung über die verschiedenen seelsorgerischen Aufgaben beendet hat – die Situation gleicht der unseren –, spricht er von der Liebe. Hören wir ihm zu:

Wenn ich in den Sprachen der Menschen und Engel redete,
aber die Liebe nicht hätte,
wäre ich tönendes Blech oder lärmendes Schlagzeug.
Und wenn ich prophetisch reden könnte
und alle Geheimnisse wüßte
und alle Einsicht hätte;
wenn ich alle Glaubenskraft besäße
und Berge versetzen könnte,
aber die Liebe nicht hätte, wäre ich nichts.
Und wenn ich meine ganze Habe verschenke,
und wenn ich meinen Leib dem Feuer übergebe,
aber die Liebe nicht hätte,
nützte es mir nichts. (1 Kor 13, 1–3)

In diesem Text kehrt Paulus zu den vorher erörterten und in Korinth üblichen seelsorgerischen Betätigungen zurück; in Verzückung reden, prophezeien, im Glauben bewandert sein und den Armen dienen. Er fügt das Ausstrahlen des Glaubens und das Erleiden des Märtyrertodes hinzu. Er stellt fest, daß diese Betätigungen in sich hervorragende Zeichen der Liebe sind; wenn sie aber darin nicht enthalten ist, sind sie ihres Wertes vollkommen beraubt. Wenn wir diese Feststellung auf unsere Situation anwenden, können wir sagen, daß weder das Anhören oder das Begleiten, noch die Spiegelung oder die Zeugnisse, ja nicht einmal eine große Sensibilität der Gruppe gegenüber einen Wert haben, wenn nicht die Liebe sie einflößt. Es scheint, daß das erwähnte und erwünschte Verhalten mit der Liebe untrennbar verbunden ist und sie naturgemäß bezeugt. Offensichtlich berührt Paulus ein sehr tiefes Geheimnis, das aber zugleich sehr konkret und praktisch ist. Um es besser zu erklären, fährt er fort:

Die Liebe ist langmütig,
die Liebe ist gütig.
Sie ist nicht eifersüchtig,
sie prahlt nicht
und bläht sich nicht auf.
Sie handelt nicht unschicklich,
sucht nicht ihren Vorteil,
sie läßt sich nicht herausfordern
und trägt das Böse nicht nach.
Sie freut sich nicht über das Unrecht,
sondern freut sich mit der Wahrheit.
Sie erträgt alles,
glaubt alles,
hofft alles,
hält allem stand. (1 Kor 13, 4–7)

Paulus zählt einige wesentliche Züge der Liebe auf, die zu den seelsorgerischen Interessen im Gegensatz stehen. Sie zeigen die schwache Seite der Liebe. Sie machen den Eindruck, daß die Liebe einfältig und unzulänglich ist. Ist es denn nicht naiv, alles zu glauben? Führt es nicht zur Wirkungslosigkeit, alles zu ertragen? Um den Sinn dieser Stelle zu verstehen, müssen wir uns in die Gesinnung von Seelsorgern und anderen im kirchlichen Dienst stehenden Menschen einfühlen. Sie stürzen sich in eine seelsorgerische Aktivität oder wollen mit Eifer ein apostolisches Werk angehen. Sie führen es energisch, mit praktischer Tüchtigkeit aus, sind aber deshalb der Gefahr ausgesetzt, die Menschen außer acht zu lassen. Um ihr Ziel zu erreichen, nützen sie ihre Mitmenschen so aus, als wären sie ein Getriebe. Andere erregen in ihrem Eifer Rivalitäten oder werden neidisch. Von der Erhabenheit ihrer Interessen überzeugt, fühlen sie sich frei, wirksame Mittel zu gebrauchen, die aber der Liebe entbehren. Wenn sich jemand ihren Absichten entgegenstellt, üben sie Gewalt aus, auf die sie leidenschaftlich bestehen. Gegen einen solchen heiligen Eifer und eine solche apostolische Wirksamkeit stellt Paulus die Geduld, die Schwäche und die Unentgeltlichkeit der Liebe. Er behauptet, daß die Liebe fähig ist, auch solchen Menschen, die in unsere Pläne nicht hineinpassen, eine Lebensmöglichkeit zu bieten, denn sie ist den Interessen der anderen gegenüber verständnisvoll und nachgiebig. Das gibt ihr den Anschein der Schwäche, der Wirkungslosigkeit, der Naivität und der Unentgeltlichkeit. Aber eben das bezeugt ihre Größe. Ihre anscheinende Schwäche ist ihre außergewöhnliche Stärke. Dann fährt Paulus fort:

Die Liebe hört niemals auf.
Prophetisches Reden hat ein Ende,
verzückte Rede verstummt,
Erkenntnis vergeht.
Denn unsere Erkenntnis ist unvollkommen,
unsere prophetische Rede ist unvollkommen;
wenn aber die Vollendung kommt,
vergeht das Unvollkommene.
Als ich ein Kind war,
redete ich wie ein Kind,
dachte wie ein Kind
und urteilte wie ein Kind.
Als ich ein Mann wurde,
legte ich ab, was Kind an mir war.
Jetzt schauen wir in einen Spiegel
und sehen nur rätselhafte Umrisse,
dann aber schauen wir von Angesicht zu Angesicht.
Jetzt erkenne ich unvollkommen,
dann aber werde ich ganz erkennen,
so wie ich auch ganz erkannt bin.

Also bleiben Glaube, Hoffnung, Liebe,
diese drei;
am größten unter ihnen ist die Liebe.   (1 Kor 13, 8–13)

Paulus weist hier auf den Unterschied zwischen der Liebe und dem Glauben hin, stellt sie sogar einander gegenüber. In allen seinen übrigen Schriften weist er dem Glauben an Jesus Christus eine zentrale Stellung zu. Er verkündigt, daß wir zum Glauben an den Herrn berufen sind, zu einem von der Liebe beseelten Glauben, da diese sein untrennbarer Begleiter ist. Sie ergänzen sich und bewirken mit der Hoffnung eine einzigartige Haltung, die den Blick und das Herz unmittelbar auf den Herrn richtet. Aber in diesem Abschnitt möchte Paulus sie voneinander trennen. Scheinbar hat der Glaube an Jesus Christus, der während der Verfolgungen eine sogar zum Martyrium führende Beharrlichkeit bewirkte, im Schoß der Gemeinschaft harte – ja ausschließende – Haltungen hervorgerufen, die im Mangel an Liebe entarteten. Deshalb legt Paulus den Korinthern nahe, daß sie ihren Glauben durch die Liebe besänftigen sollen. Damit beweist er, daß die Liebe den Glauben übersteigt, weil sie niemals aufhört, wogegen der Glaube nur vorläufig ist. Nebenbei erwähnt er auch, daß die verzückte und die prophetische Rede vergänglich und unvollkommen sind. Es ist selbstverständlich, daß der Glaube, der uns erlöst und zur Erkenntnis des Göttlichen eine gewisse natürliche Anlage schenkt, zu erhaben ist, um einfach vergänglich zu sein. Mit diesem Leben hat der Glaube kein Ende, sondern wird einer Verwandlung unterliegen. Das veranschaulicht Paulus mit zwei Bildern. Der Glaube ist wie das Denken des Kindes und muß sich entwickeln. Der Erwachsene denkt nicht mehr wie ein Kind. Genauso ist unsere Erkenntnis Gottes noch unvollkommen und nicht endgültig. Der Glaube ist auch einem beschlagenen Spiegel ähnlich, der nur einen dunklen Umriß widerspiegelt; im ewigen Leben werden wir dagegen klarer sehen als bei Sonnenlicht. Wir werden Gott von Angesicht zu Angesicht schauen. Die Liebe aber ist ganz anders. Sie ist ja schon das erkennbare und gegenwärtige ewige Leben. Der Tod hat keine Gewalt über sie. Das wollte Paulus den Korinthern beibringen, damit sie ihren Glauben durch die Liebe sänftigen. In der ganzen Erklärung erscheint die Liebe als eine geheimnisvolle, tiefe und machtvolle Kraft. Das Hohelied lehrt uns ebenfalls die außergewöhnliche Kraft der Liebe und ihre Beziehung zum Tod:

> Leg mich wie ein Siegel auf dein Herz,
> wie ein Siegel an deinen Arm!
> Stark wie der Tod ist die Liebe,
> die Leidenschaft ist hart wie die Unterwelt.
> Ihre Gluten sind Feuergluten,
> gewaltige Flammen.
> Auch mächtige Wasser
> können die Liebe nicht löschen;
> auch Ströme schwemmen sie nicht weg. (Hld 8, 6–7)

Diese Worte der Bibel beschreiben plastisch die außerordentliche Energie und leidenschaftliche Kraft der Liebe. Weder die Ströme noch das Meer – sie versinnbilden die elementare Kraft der Natur – können das Feuer der Liebe überwältigen. Sogar der Tod kann dieses Feuer nicht auslöschen. Das steht im Einklang mit der Feststellung des heiligen Paulus, daß die Liebe schon endgültig ist und nach dem Tod keiner Verwandlung mehr bedarf wie der Glaube.

Auch das erste Gebot, worauf Jesus ganz entschieden besteht, lehrt uns etwas Neues über die Kraft der Liebe:

> Du sollst den Herrn, deinen Gott, lieben von ganzem Herzen und von ganzer Seele, mit all deiner Kraft und deinem ganzen Denken ... (Lk 10–27)

Dieses Gebot wird oft in dem ausschließlichen Sinn ausgelegt, daß in unseren Herzen die Gottesliebe anderen Göttern keinen Platz lassen darf. Aber wir sollten darin auch

Herr, ich verlange nichts als Dich —
aber Dich verlange ich ganz zu besitzen
Schwester M. Franziska vom Kreuz

In Freude und Dank an Gott
feiern wir Schwestern
von der Schmerzhaften Mutter
am 14. August 1988,
im Kloster Marienburg, Abenberg,
unser Silbernes Profeßjubiläum

M. Fortunata Zeller
M. Josefa Weiß
M. Klarita Holzheimer
M. Stanisla Schottner
M. Susanne Geiger

Lobe den Herrn meine Seele,
und vergiß nicht,
was er dir Gutes getan hat. Ps 103,2

die Aufforderung bemerken, daß wir die Leistungsfähigkeit unserer Energien entfalten und sie auf Gott hinlenken sollen. Das Gebot enthält auch den Gedanken, daß wir schlaff und mutlos, aber auch kräftig und leidenschaftlich lieben können, und es verlangt eine kraftvolle und wirksame Gottesliebe. Es fordert uns auf, unsere Kräfte zu einer selbstlosen und wohlwollenden Liebe zu entfalten. Das Gebot spricht ganz deutlich von einer erhabenen und persönlichen Energie, die unsere emotionalen, geistigen und seelischen Kräfte insgesamt beseelt. Was von der Liebe Gottes gesagt wird, bezieht sich mit wenigen Abänderungen auch auf die Nächstenliebe. Wir lieben Gott mit derselben menschlichen Kraft des Wollens wie unsere Mitmenschen.

Die Liebe geht aus der unerforschlichen Tiefe des Menschen hervor, kommt aber in sehr konkreten Taten zum Ausdruck. Sie hat zwei Pole. Einerseits ist sie so unsichtbar, daß ihre Äußerungen auch ohne sie bestehen können, wie es der Korintherbrief bezeugt. Andererseits drückt sie sich durch wahrnehmbare Gesten aus: den Notleidenden Hilfe leisten, den Feinden vergeben, die Gerechtigkeit herstellen, die Fehler unserer Angehörigen ertragen usw. Der Mangel an solchen äußerlichen Zeichen kann uns mißtrauisch stimmen. Die Liebe kann aber immerhin als eine ganz innerliche Wirklichkeit bestehen, ohne sich durch materielle und meßbare Tatsachen zu erkennen zu geben. Sie kann den Nächsten unauffällig in den Mittelpunkt stellen und sich in ihm einfühlen. Das ist in diesem Buch ganz klar dargelegt. In der dargestellten Haltung liegt eine innige Liebe des Nächsten. Ihre Äußerung ist nicht beeinträchtigt; wenn die Umstände es verlangen, kann sie immer zum Vorschein kommen.

Durch die Macht des Gebetes kann die unsichtbare Kraft der Liebe das in diesem Buch beschriebene Verhalten weit überschreiten und in einer geistigeren Weise kundgeben. Wir Christen glauben an die Kraft des Gebetes, und wir beten für unsere Lieben, für die Notleidenden und für unsere Feinde. Das Gebet besteht darin, daß wir uns an Gott wenden. Wir können auch die Mutter Gottes oder die Heiligen um ihre Fürsprache bitten. Das Gebet setzt den Glauben voraus, daß der Herr in unsere menschliche Geschichte eingreift und daß seine Liebe für die Menschen, die wirklich glauben, sogar Wunder wirkt. Dieser Glaube muß aber den materiellen Begriff der Welt übersteigen, denn diese ist nicht fähig anzunehmen, daß die erlösende Kraft Jesu Christi in unserem Universum Wunder wirken kann. Uns in unserer Bedürftigkeit auf den Herrn zu verlassen oder für das Wohl der anderen seine Hilfe zu erflehen ist eine wesentlich christliche Einstellung.

Das Wesen des Gebetes besteht eigentlich nicht im Bitten, sondern ist eine frei geschenkte Kommunikation mit dem Herrn, ohne außer ihm selber etwas zu erhoffen. Trotzdem sind die Bitten ein wichtiger Teil unseres Umganges mit dem Herrn, denn sie bezeugen unsere Bedürftigkeit und unser Vertrauen in seine Liebe. Wir müssen uns aber mit den Bitten zugleich bemühen zu verwirklichen, wozu wir selbst imstande sind. Die Antwort auf unsere Bitten ist unentgeltlich, wir können den Himmel nicht zwingen. Wir müssen demütig bitten wie die Armen, aber, wenn es nötig ist, mit kräftiger Ausdauer, weil der Herr es uns so gelehrt hat.

Wer bittet, muß sich auch ständig läutern, aber ganz besonders müssen seine Absichten selbstlos sein. Oft beten wir um die Bekehrung eines Menschen, dessen Fehler uns belasten. Ein solches Gebet ist selbstsüchtig. Das Wohl des anderen müssen wir unentgeltlich erbitten. Unsere Absicht ist dann rein, wenn wir das Wohl des anderen nicht mit uns selber in Verbindung bringen, sondern von jedem Interesse frei für sein Glück und für die Verwirklichung seiner tiefsten Sehnsucht beten, die ihm der Heilige Geist eingibt.

Viele Menschen glauben nicht an die Kraft des Gebetes; das macht aber nichts. Ihr Glaube an die Gegenwart des Herrn ist nicht lebendig genug, um seiner Liebe auch konkrete Zeichen zumuten zu können. Wenn sich ihr Glaube stärkt, werden sie sich davon ohne weiteres überzeugen.

Der Segen ist eine inständige Bitte und vereint das freie Geschenk der Gnade mit den menschlichen Kräften. Bevor die Kraft der Gnade die an Blutfluß leidende Frau erreichte, war diese Energie in Körper und Gewand Jesu schon zugegen. Die Menschen spürten, daß von ihm eine Kraft ausging, welche die Kranken heilte. Der Segen, den Jesus den Kindern gab, quoll aus seinem Herzen hervor, erregte seine Gefühle, erfüllte seinen Blick und durchdrang seine Hände, wenn er sie ihnen auflegte. Der göttliche Heilsplan läßt uns die Gnade oft durch Menschen zukommen. In dem erwähnten Fall geht die Gnade scheinbar aus der Tiefe eines Menschen hervor, durchdringt seine Seele, entflammt sein Herz, überflutet seine Gesten und seinen Blick, bevor sie die auserwählte Person erreicht. Bevor Jesus die Kranken heilte, empfand er eine große Liebe und ein unwiderstehliches Verlangen, ihnen etwas von seinem Reichtum zu geben. Die Liebe bewegte ihn, sie zu berühren.

Jesus unterwies seine Apostel, durch Auflegung der Hände und durch Salbung Dämonen zu vertreiben und Kranke zu heilen. Er gab ihnen auch die Kraft, es selbst zu tun. Er lehrte sie in einer ganz allgemeinen Weise zu segnen:

Wenn ihr in ein Haus kommt, so sagt als erstes: Friede diesem Haus! Und wenn dort ein Mann des Friedens wohnt, wird der Friede, den ihr ihm wünscht, auf ihm ruhen; andernfalls wird er zu euch zurückkehren.   (Lk 10, 5–6)

Dem Segen der Apostel gibt Jesus die Kraft, Frieden zu vermitteln. Wenn jemand etwa daran zweifeln würde, daß es sich um eine wirkliche Kraft handelt, fügt er hinzu, daß diese Energie, falls die betreffende Person unwürdig ist, nicht verlorengeht. Dann kehrt sie auf die Apostel zurück, die sie aus ihrem Herzen als die eigene ausstrahlen.

Der Segen vereint die Kraft des Menschen mit der Gnade Gottes. Der Mensch erlebt zuerst eine innere Fülle, die ihn mit Liebe, Friede und Glück überflutet. Er möchte diesen Reichtum mit anderen teilen, um sie zu beleben, zu beglücken und zu heiligen, damit Gott in allen anwesend sei. Er ist überzeugt, daß er eine Kraft, ein Licht, einen Frieden oder irgendwelche Fülle besitzt, die er durch den Wunsch seines Herzens, durch die Kraft seines Geistes und seiner Seele auf andere übertragen kann. Wer segnet, ist tief davon überzeugt, daß er heilige Kräfte vereinen und sie anderen übermitteln kann. Er hat diese Kräfte als eine natürliche Gabe von Gott erhalten oder besitzt sie kraft des Heiligen Geistes, der auf ihn durch die Taufe, die Firmung, die Priesterweihe oder durch andere Sakramente herabstieg. Er ist auch überzeugt, daß er diese Energien ebenfalls durch die Gegenwart des auferstandenen Christus besitzt und daß er sie mit seinem Geiste und der Liebe seines Herzens weitergeben kann, weil Jesus Christus darin eine unermeßliche Gnade verkörpert. Um die Gnade Gottes zu flehen ist deshalb ein wesentlicher Teil des Segens.

Beobachten wir den Ritus des Segens. Die Kirche gebraucht zwei Zeichen, weil diese die Übertragung der Kraft veranschaulichen. Eines der Symbole ist die Handauflegung. Diese war schon im Alten Testament üblich. Jesus legte seine Hände den Kindern und den Kranken auf. Die Apostel teilten den Heiligen Geist durch das Auflegen der Hände aus. Heutzutage wenden wir dieses Zeichen in der Eucharistiefeier an, wenn der Priester seine Hände über die Opfergaben legt. In der Priesterweihe ist sie ein Zeichen der Übergabe des Heiligen Geistes und bildet den wesentlichen Teil des Sakramentes. Sie wird außerdem bei der Firmung, der Beichte und der Taufe angewendet. Die Handauflegung ist ein natürliches Zeichen des Segens, denn wir Menschen übertragen Dinge und Energien mit unseren Händen. Wer seine Hand auflegt, konzentriert seine Kraft und läßt sie durch seine Hände auf den Kopf des Gesegneten übergehen.

Dieses Zeichen betont, daß der Mensch, der segnet, etwas von sich selber gibt, daß die übertragene Gnade sich erst aus ihm erhebt, und, obwohl sie ein Geschenk ist, sendet er sie aus seinem Herzen, als wäre sie seine eigene Energie. Die Gnade verstärkt unsere eigene Energie im wirkungsvollen Zeichen einer mächtigeren Kraft. In dem Verhältnis, das zwischen dem Zeichen und der hinzugefügten inständigen Bitte besteht, besteht die Erhebung des Zeichens zur sakramentalen Funktion.

Während der Handauflegung wird die inständige Bitte gesprochen, die im einfachen Segen folgendermaßen lautet:

Der Segen des allmächtigen Gottes, des Vaters, des Sohnes und des Heiligen Geistes steige auf dich herab und verbleibe allzeit.

Die Handauflegung in Verbindung mit der demütigen Bitte um Gnade charakterisiert den Segen. Der Mensch segnet, aber er betet, daß sein Segen durch eine höhere Kraft erfüllt wird, damit er zu einem sichtbaren und wirkungsvollen Zeichen der Gnade werde.

Das zweite charakteristische Zeichen des Segnens, das Kreuzzeichen, ist mit der Handauflegung eng verbunden. Es versinnbildet noch offensichtlicher, daß der Segen uns von Jesus Christus zuteil wird, weil er uns durch seinen Tod und seine Auferstehung erlöst hat.

Der Christ ist berufen zu segnen. Eltern machen ihren Kindern oft das Kreuzzeichen auf die Stirn, wenn sie ihnen „Gute Nacht" sagen. Viele segnen das Brot oder sprechen ein Tischgebet. Wir sollten uns daran gewöhnen, öfter zu segnen. Wenn wir im Sinne des ersten Gebotes eine innige Liebe empfinden, sollten wir uns innerlich sammeln und diese Liebe samt einer Bitte um Gottes Segen auf den geliebten Menschen übertragen. Das bedeutet – ohne ein äußeres Zeichen – mit dem Herzen zu segnen. Dadurch vereint sich unsere Energie mit der Gnade, die auf unsere Bitte durch das Segnen herabsteigt. Wie Jesus seine Energie, zu segnen und zu heilen, in kleinen Gesten verkörperte, so können wir auch den Segen, der aus unserem Herzen stammt, mit kleinen Zeichen versinnbildlichen, wie einem Händedruck, einer Umarmung oder einem Kuß. Ein Arzt kann die Medizin, die er verschreibt, als Zeichen gebrauchen. Auf diese Weise kann die Liebe durch den Wunsch, zu geben, zu dienen und den inneren Reichtum zu teilen, Wunder wirken. Die Mutter kann das Trockenlegen ihres Kindes in einen Segen verwandeln, der Professor seinen Vortrag, der Kaufmann das Verkaufen seiner Ware und sogar der Käufer die Bezahlung. Ich kenne einen Psychologen, der täglich meditiert und sich jedesmal auf jeden seiner Klienten konzentriert, um für ihn zu beten und ihm Energien zu übertragen. Er segnet sie mit seinem Herzen und mit seinem Geist. Wir können durch die Entwicklung dieser Fähigkeit viel Gutes tun. Menschen, die ihre Lungen mit frischer Luft füllen, die Größe des Himmels, des Meeres, den unendlichen Horizont einer Landschaft bewundern können oder die Schönheit des Lebens und die Nähe des Herrn erleben, haben den unwiderstehlichen Drang, zu lieben und zu dienen. Sie sollten diese Güte, die Gott in ihren Herzen aufblühen läßt, segnend ausstrahlen. Das ist eigentlich sehr einfach und verwirklicht sich, wenn wir mit der Kraft des Glaubens, der Berge versetzen kann, und mit der starken Überzeugung, daß unser Herr unsere Wünsche erfüllen kann, lieben.

Menschen, die von der Kraft des liebevollen Segnens überzeugt sind, wissen auch Bescheid, daß der Mensch gleichfalls zu fluchen fähig ist. Diejenigen, die dem anderen Schaden wünschen, auf ihn Krankheit, Tod oder Verderben herabrufen, streuen Gift umher, welches das Gewünschte verwirklichen kann. Der Grad des Bösen hängt von der Kraft und der Konzentration desjenigen ab, der es wünscht, und von den unheilbringenden Kräften, die er anruft. Der Haß kann verwunden und sogar töten. Vielleicht hat auch uns schon einmal die leidenschaftliche und blinde Wut eines Menschen mit quälender Kraft angegriffen. Ich habe böswillige Menschen gekannt, die irgendein Übel gewünscht haben, und es hat sich verwirklicht. Der Christ muß sich deshalb von seinen destruktiven Wünschen ständig läutern, damit er, statt zu fluchen, segnen kann. Unsere Aufgabe im Leben besteht darin aufzubauen, nicht zu verderben. Mit der Kraft des Geistes und des Herzens können wir sogar das von anderen heraufbeschworene Übel verhindern, aber wir dürfen nie fluchen oder jemandem etwas Schlechtes wünschen. Es ist etwas ganz anderes, wenn jemand aus irgendeinem Grund einen unbewußten Haß in sich trägt und in sich aufkommen läßt; denn dadurch wird er fähig, die hervorbrechenden bösen Absichten bewußt zu beseitigen.

Was durch den Segen geschieht, verwirklicht sich auch im Vollzug der Sakramente. Alle Sakramente übermitteln ein unentgeltliches Geschenk. Das verkörpert sich in einer Feier, an der alle teilnehmen können. Die Trauung ist das Sakrament, das dem oben beschriebenen einfachen Segen am ähnlichsten ist. Die Spender des Sakramentes sind die Eheschließenden. Der Priester segnet nur den Ehebund. Die Anwesenden nehmen daran teil, weil sie das junge Paar begleiten und sich seiner Freude anschließen wollen. Sie bereichern sich durch diese freudige Gelegenheit und wollen mit ihrer Anwesenheit die Gründung der neuen Familie bezeugen und bekräftigen. Sie beabsichtigen, dem jungen Paar auch im Leben beizustehen, wenn sie dessen bedürfen. Die Geschenke zur Ausstattung ihrer Wohnung sind ein sprechender Beweis dieser Absicht. Aber ganz besonders wollen sie ihnen viel Glück wünschen. Alles das ist genau, was zu einem Segen nötig ist. Darum lade ich gewöhnlich die Anwesenden ein, mir beizustehen, den Segen Gottes herabzurufen, das heißt, daß auch sie alle das junge Paar mit ihrem Herzen segnen. Der Priester gibt den Segen der Kirche, aber die Bitte der Anwesenden kann ihn vervollkommen. Eigentlich vervollständigt der Segen des Priesters und der Anwesenden nur das Sakrament, an dem sich das junge Paar beteiligt. Wer liebt, hat die Kraft des Heiligen Geistes und kann davon den anderen geben. Wir sollen die in der Kirche gegenwärtige Energie vereinen und sie dem jungen Paar zuwenden. Das Sakrament verwirklicht sich schon durch die minimale Liebe, die zu seiner Gültigkeit nötig ist, aber das Zeichen ist bedeutungsvoller, wenn alle vereint mit dem Wunsch und der Kraft ihres Herzens segnen. Die Christen sollten sich eigentlich daran gewöhnen, in der Welt verschwenderisch segnend herumzugehen und ganz besonders mit der Kraft der Sakramente segnen zu lernen.

Ein anderes Beispiel, das unsere aktive Teilnahme an den Sakramenten illustriert, ist die Priesterweihe. Ihre sakramentale Form ist wesentlich ein Segen. Der Bischof legt den neuen Priestern seine Hände auf, wodurch er versinnbildet, daß er die in seinem Herzen anwesende Kraft des Heiligen Geistes überträgt und um den Segen der Ordination betet. Der Bischof, der die Priester weiht, betet und konzentriert, wünscht und bittet, überträgt und segnet. Er ist sich der Aufgabe bewußt, daß er außer dem, was er von sich selber gibt, der Vermittler einer transzendenten Gnade ist. Nachdem der Bischof seine Hände aufgelegt und den Segen gesprochen hat, erheben sich die anwesenden Priester, treten der Reihe nach zu den Neugeweihten und legen jedem einzeln die Hände auf, als Zeichen, daß sie einen Segen übermitteln und die ganze Kraft des Geistes, der in ihnen lebt, auf den Priesteramtskandidaten vereinen wollen. Sie haben nicht die Gewalt, Priester zu weihen, aber bei einer solchen Gelegenheit sind sie als schon geweihte Gefährten und Freunde im Priestertum davon überzeugt, daß sie sich durch ihren Segen in die Feier einbringen und dazu beitragen können, daß die jungen Priester von der noch mächtigeren Kraft des Heiligen Geistes durchdrungen werden. Bei der Erteilung jedes Sakramentes besteht für die Anwesenden die Gelegenheit, sich dem gefeierten Segen anzuschließen.

Jedes Sakrament besteht aus einem wesentlichen Zeichen, das die Gültigkeit sichert, aber bei allen ist eine Reihe von anderen Zeichen hinzugefügt, um die Bedeutung der Gnade zu entfalten. In der Priesterweihe ist die Handauflegung das sakramentale Zeichen, aber die Kirche fügt der Festlichkeit andere Zeichen hinzu, die den Reichtum der übertragenen Gnade entfalten. Dem neugeweihten Priester überreicht der Bischof den Kelch und die Patene, womit er ihm die Macht gibt, die Eucharistie zu feiern. Er gibt ihm das Meßbuch, salbt seine Hände, damit sie segnen können, und verleiht ihm die Gewalt, Sünden zu vergeben. Bei der Taufe – außer dem wesentlichen Zeichen, Wasser auf den Kopf zu gießen – salbt der Priester den Täufling mit Öl und Chrisma, was die Kraft des Heiligen Geistes bedeutet. Er kennzeichnet ihn mit dem Kreuzzeichen, damit Gott in ihm wie im Gotteshaus anwesend sei, dessen Turmspitze, als das Symbol der Anwesenheit Gottes, mit einem Kreuz versehen ist. Der Priester legt dem Täufling die Hände auf und spricht einen Exorzismus. Bei der Übergabe der brennenden Kerze betet er um das Licht des Glaubens für den Täufling und legt ihm dann mit der Mahnung, die Reinheit der Seele zu bewahren, ein weißes Kleid an. Diese Gebärden und Zeichen bieten Gelegenheit, daß der Zelebrant, mit den Anwesenden vereint, den Segen in Fülle erteilen kann.

Das Zeichen einer kontemplativen Einstellung ist der Wunsch zu geben, zu lieben, zu respektieren und sich zu verständigen. Dieser Wunsch muß sich vor allem in dem Liebesdienst verkörpern, nämlich der konkreten Situation entsprechend den Notleidenden zu helfen, die Betrübten zu trösten, die Gefangenen zu befreien, die Gerechtigkeit herzustellen, zu vergeben, das Leben zu respektieren usw. Aber die kontemplative Haltung enthält auch den Wunsch, diese Dienste mit einer inneren Kraft zu verwirklichen, wie Jesus es tat. Darum müssen wir lernen, mit Kraft zu lieben, das heißt zu segnen. Diesen größeren Segen erteilen wir durch die Sakramente.

Auch im Sakrament der Versöhnung gibt es einen Segen. Ursprünglich gehörte die Handauflegung als ein sichtbares

Zeichen dazu, daß der Priester Verzeihung und Frieden vermittelt. Wenn der Priester die Hand nicht auflegt, hält er sie wenigstens etwas erhoben. Wenn ich beichten gehe, suche ich einen Priester, mit dem ich mich verständigen kann, der mich versteht, damit der Akt der Versöhnung nicht durch menschliches Mißverstehen zum entgegengesetzten Zeichen werde. Aber ich trachte auch danach, einen Priester zu finden, der von der Kraft des Heiligen Geistes erfüllt ist, weil er in Gott lebt und aus seinem Herzen und seinem Geist der Friede und die Liebe Gottes strömen. Priester, die wahrlich segnen können und wollen, vermitteln dadurch einen größeren Frieden und eine tiefgehende Versöhnung. Auch am Sakrament der Versöhnung sollten die Anwesenden teilnehmen; während ein Mitbruder beichtet, können sie um die Vergebung und den Frieden beten, die er zu erhalten hofft.

Während des letzten Abendmahles erteilte Jesus seinen Segen mit der Aufforderung, dasselbe zu tun. Oft gehen wir zur Eucharistiefeier, um Jesus zu empfangen, denken aber nicht daran, daß wir segnend gesegnet werden. Die Eucharistiefeier setzt voraus, daß wir mit dem Priester und mit Jesus zusammen segnen. Dabei sollen wir beten, daß unser Segen durch die unentgeltliche Gnade des Herrn der Träger der eucharistischen Gnade werde.

Wie der Vater das Brot mit der Kraft seines Herzens segnet, so ist es auch zu empfehlen, daß wir das eucharistische Brot während der Messe mit der Liebe unseres Herzens segnen. Der Priester segnet das eucharistische Brot unmittelbar vor der Wandlung:

Wir bitten dich, heilige diese Gaben durch den Hauch des Heiligen Geistes, damit sie uns zum Leib und Blut unseres Herrn Jesus Christus werden.

Während er diese Worte spricht, hält er seine Hände über die Opfergaben und segnet sie mit dem Kreuzzeichen. Den wesentlichen Teil der eucharistischen Feier umgeben außerdem noch andere Zeichen, genauso wie die anderen Sakramente. Alle verbreiten die Gnade der Messe. Der Friedensgruß ist ein Segen, gleich dem Gruß der Apostel, die zum Predigen ausgeschickt wurden. Mit dem Friedensgruß zugleich sollten wir unsere Nachbarn auch mit dem Herzen segnen. Wenn der Priester den letzten Segen erteilt, sollten sich alle seiner Bitte anschließen und mit ihm alle Anwesenden segnen. Wer die Kommunion austeilt, kann mit seinem Herzen alle segnen, denen er den Leib Christi reicht. Die Fürbitten der Eucharistiefeier sollen wir mit der Kraft des Glaubens und des Gebetes begleiten. Der Lektor kann überzeugt sein, daß das Wort Gottes in seine Worte gekleidet unsere Ohren durch sein Herz erreicht, und er soll sie mit der Kraft eines Segens vorlesen.

Der Leser könnte fragen, warum ein Buch, das sich mit der Mitteilung des Glaubens befaßt, mit einem Kapitel über den Segen und die Sakramente endet. Das Thema dieses Kapitels bildet jedoch mit dem ganzen Buch eine wesentliche Einheit. Die seelsorgerische Haltung, die wir untersucht haben, verlangt eine bestimmte Spiritualität, Loslösung, Nächstenliebe und Tiefe. Wo diese Innerlichkeit vorhanden ist, erscheint gleichzeitig der Wunsch, die Liebe und die Seelsorge auf eine tiefere und wirksamere Weise auszuüben, obwohl der oberflächliche Beobachter das nicht bemerkt.

Zum Schluß möchte ich eine ganz normale und alltägliche Episode erzählen. Als ich einst in einem Autobus saß, stieg ein kleines Mädchen ein, das kaum zehn Jahre alt sein konnte. Wahrscheinlich kam sie von der Schule, sie hatte aber keine Kameradinnen bei sich. Ich wunderte mich, daß sie allein fuhr. Sie zahlte ihren Fahrpreis und blieb stehen, weil der Autobus schon überfüllt war. Ich kehrte zu meinen Gedanken zurück und mein Blick folgte routinemäßig den Leuten, den Gebäuden und dem ganzen Straßenverkehr. Als ich aussteigen wollte, ging ich nach hinten und blieb bei der Tür stehen. Das kleine Mädchen war schon dort und wartete auf den Halt des Busses. Wir hatten eine ziemliche Geschwindigkeit, und der Autobus bremste allmählich. Andere Passagiere näherten sich auch der Tür. Der Fahrer öffnete die automatische Tür, aber riß dann plötzlich den Wagen jäh zur Seite, wahrscheinlich um einen Zusammenstoß zu vermeiden. Der Stoß schleuderte mich an das Geländer, aber ich konnte von hinten meinen rechten Arm instinktiv ausstrecken, um den Sturz des kleinen Mädchens, das schon am Aussteigen war, zu verhindern. Sie klammerte sich noch rechtzeitig an, und ich mußte sie nicht festhalten. Der Bus kam zum Stillstand, sie stieg aus; ich tat dasselbe und vergaß den Vorfall. Ich war auf dem Weg zu einem Vortrag, war aber nicht als Priester zu erkennen. Als ich den Weg entlangging, hatte ich das Gefühl, daß jemand neben mir ging und mich anschaute. Ich wandte meinen Kopf, und unsere Blicke trafen sich. Es war das kleine Mädchen. Mit einem lieben Lächeln und spontaner Dankbarkeit sagte es zu mir: „Danke schön!" Mich erfaßte ein sanftes Gefühl wie von Frische und der Erhabenheit des Himmels, der freien Luft und von großer Schönheit. Ich hätte sie gern umarmt und geküßt, aber es war viel taktvoller, sie mit einem Lächeln und einem „Gern geschehen" zu entgelten. Aber mit diesem „Gern geschehen" gab ich ihr mit der ganzen Erhabenheit, die ich in diesem Augenblick fühlte, einen Segen. Und ich bin überzeugt, daß Gottes reichlicher Segen damit auf sie herabkam.